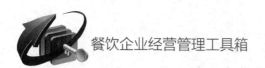

餐饮企业经营管理工具箱

Service and Management

餐饮服务与管理一本通

冯飞 主编

化学工业出版社

·北京·

本书主要从对客优质服务管理、餐饮早会管理、餐饮全程营销管理、餐饮收入费用管理、餐饮成本费用控制、餐饮食材管理、餐饮安全卫生管理各个角度进行了讲述。

本书理念新颖，可操作性强，是一本实用的餐馆管理与操作实务读本，可供相关中小餐馆老板、从业人员参考使用，以便于指导他们的工作，也可供相关院校师生教学参考使用。

图书在版编目（CIP）数据

餐饮服务与管理一本通/冯飞主编．—北京：化学工业出版社，2012.1（2022.1重印）
（餐饮企业经营管理工具箱）
ISBN 978-7-122-12925-3

Ⅰ．餐… Ⅱ．冯… Ⅲ．①饮食业-商业服务②饮食业-商业管理 Ⅳ．F719.3

中国版本图书馆 CIP 数据核字（2011）第 245381 号

责任编辑：陈　蕾　　　　　　　　　　装帧设计：尹琳琳
责任校对：陶燕华

出版发行：化学工业出版社（北京市东城区青年湖南街13号　邮政编码100011）
印　　刷：北京京华铭诚工贸有限公司
装　　订：三河市振勇印装有限公司

710mm×1000mm　1/16　印张 11¼　字数 212 千字　2022 年 1 月北京第 1 版第 18 次印刷

购书咨询：010-64518888　　　　　　　　售后服务：010-64518899
网　　址：http://www.cip.com.cn

凡购买本书，如有缺损质量问题，本社销售中心负责调换。

定　　价：38.00元　　　　　　　　　　　　　　　　版权所有　违者必究

国家"十二五规划"提出:"把推动服务业大发展作为产业结构优化升级的战略重点,营造有利于服务业发展的政策和体制环境,拓展新领域,发展新业态,培育新热点,推进服务业规模化、品牌化、网络化经营,不断提高服务业比重和水平。"

民以食为天,尤其是我国这样一个人口大国,餐饮消费在日常消费中占很大比例。随着人们生活水平的不断提高,到餐馆吃饭对大众来讲已经是很普遍的事,再加上餐馆投资小、门槛低,所以我国大大小小的餐馆据不完全统计有700万~800万家,从业人员更是难以计数。那么,如何在为数众多的餐饮企业中脱颖而出,达到盈利的目的,就要看你所经营的餐馆服务如何、菜品如何、怎样进行品牌营销、如何进行成本核算与控制等。只有在这些方面全面进攻、深入研究并付诸实践,才有可能使你的餐馆长期立于不败之地。

基于此,我们针对目前的市场状况,组织编写了"餐饮企业经营管理工具箱"丛书,目前包括《餐饮服务与管理一本通》、《餐饮品牌营销一本通》、《餐饮成本核算与控制一本通》,以期为餐饮业经营者和从业人员提供一些指导。

〇《餐饮服务与管理一本通》主要从对客优质服务管理、餐饮早会管理、餐饮全程营销管理、餐饮收入费用管理、餐饮成本费用控制、餐饮食材管理、餐饮安全卫生管理各个角度进行论述。

〇《餐饮品牌营销一本通》主要从认识餐饮品牌营销、餐饮品牌广告营销、餐饮品牌假日营销、餐饮品牌网络营销、餐饮品牌菜单营销、餐饮品牌服务营销、餐饮品牌文化营销、主题餐厅品牌营销、餐饮品牌连锁扩张、餐饮品牌维系保护全方位对餐饮品牌营销进行讲述。

〇《餐饮成本核算与控制一本通》主要包括上中下三篇,其中,上篇介绍餐饮成本核算基础知识及其核算方法,中篇以餐饮食品成本控制为核心,分别介绍餐饮食品生产前、生产中、生产后三个阶段的成本控制,下篇餐饮其他成本控制主要介绍餐饮酒水成本控制及其他支出费用的控制。

本丛书更加实用、理念新颖，可操作性强，是一套实用的餐馆管理与操作实务读本，可供相关中小餐馆老板、从业人员参考使用，以便于指导他们的工作，并可供相关专业院校师生教学参考使用。

本书由冯飞主编，在本书的编辑整理过程中，获得了许多朋友的帮助和支持，其中参与编写和提供资料的有陈素娥、匡粉前、刘军、刘婷、刘海江、唐琼、邹凤、马丽平、段利荣、陈丽、林红艺、贺才为、林友进、周波、周亮、高锟、李汉东、李春兰、柳景章、王红、王春华、赵建学、滕宝红，最后全书由匡仲潇审核完成。在此对他们一并表示感谢！由于作者水平所限，不足之处敬请读者指正。

编者

2011年12月

第一章　对客优质服务管理

- 2/ 第一节　尽量满足客人要求
- 2/ 一、自己加工食品
- 3/ 二、自带食品要求加工
- 3/ 三、代管物品
- 4/ 第二节　特殊客人特殊服务
- 4/ 一、醉酒客人
- 5/ 二、残疾客人
- 6/ 三、带小孩客人
- 8/ 四、老年客人
- 9/ 五、熟人或亲友
- 9/ 第三节　巧妙应对常见问题
- 9/ 一、菜、汤汁溅到客人身上
- 9/ 二、顾客AA制
- 10/ 三、客人要求陪酒
- 11/ 四、客人有要事谈
- 12/ 五、客人想要赠送礼品或小费
- 12/ 六、不礼貌客人
- 13/ 七、客人损坏物品
- 14/ 八、客人偷拿餐具
- 15/ 九、客人要求取消等了很久却没上的菜
- 16/ 十、餐饮店客满
- 16/ 十一、客人点了菜单上没有的菜
- 17/ 十二、客人发现饭菜中有异物
- 18/ 十三、顾客反映菜肴口味不对
- 18/ 十四、顾客提出问题答不上来
- 19/ 十五、当顾客因菜肴长时间不上而要求减账
- 20/ 十六、顾客反映菜单价格不对
- 21/ 第四节　沉着应对突发事件

21/ 一、烫伤
21/ 二、烧伤
21/ 三、腐蚀性化学制剂伤害
21/ 四、电伤
22/ 五、客人突然病倒
22/ 六、客人跌倒
22/ 七、顾客出言不逊
23/ 八、客人丢失财物
23/ 九、顾客打架闹事
24/ 十、突然停电
25/ 第五节　结账优质服务
25/ 一、不直接将金额大声说出来
26/ 二、客人对账单持异议
27/ 三、留意跑单情形
27/ 相关链接：发现顾客逐个离场怎么办
28/ 四、客人没有付账即离开
28/ 五、包间客人结账时要谨慎不出错

第二章　餐饮早会管理

31/ 第一节　早会准备
31/ 一、早会主题确定
31/ 二、早会内容需明确
33/ 三、合理利用资料
34/ 第二节　早会主持
34/ 一、严格控制时间
35/ 二、保持互动、达到效果
35/ 三、表达要准确
36/ 四、游戏活跃气氛
36/ 五、小故事讲述大道理
36/ 六、音乐保持活力
37/ 第三节　会后评估跟进

37/ 一、你的早会开好了吗——自我评估

37/ 二、主持人是否充分发挥

38/ 三、员工参与度评估

38/ 四、工作落实——早会最终目标

第三章　餐饮全程营销管理

41/ 第一节　餐饮常见广告营销方式

41/ 一、电视广告营销

42/ 二、电台广告营销

45/ 三、网络广告营销

48/ 四、报纸广告营销

50/ 五、杂志广告营销

51/ 六、直接邮寄广告（DM）营销

53/ 七、户外广告营销

53/ 八、电梯广告营销

53/ 九、门口告示牌营销

54/ 十、信用卡免费广告营销

54/ 十一、内部宣传品营销

55/ 第二节　餐饮网络营销常见方式

55/ 一、餐饮企业网站营销

56/ 二、搜索引擎营销

57/ 三、博客、微博营销

58/ 四、病毒式营销

59/ 相关链接：美国第一家病毒式营销餐馆

60/ 五、电子邮件营销

61/ 六、团购营销

62/ 七、电子优惠券

63/ 八、网上订餐外卖

63/ 九、网上点餐

64/ 第三节　餐饮常见假日营销

64/ 一、年夜饭营销

66/ 二、西式情人节营销
67/ 三、五一及母亲节营销
67/ 【范例】××餐厅五一及母亲节促销
68/ 四、儿童节营销
68/ 【范例】××餐厅儿童节营销策划方案
70/ 五、父亲节营销
71/ 【范例】××餐厅父亲节营销策划方案
74/ 六、端午节营销
74/ 七、七夕情人节营销
75/ 【范例】××餐厅七夕情人节活动策划
76/ 八、中秋节营销
77/ 【范例】××餐厅中秋节营销策划方案
78/ 九、圣诞节营销
78/ 【范例】××餐厅圣诞节及元旦营销策划方案

第四章　餐饮收入费用管理

82/ 第一节　营业收入管理
82/ 一、菜品收入管理
82/ 二、酒水收入管理
84/ 三、服务费收入管理
85/ 四、包房收入管理
85/ 五、折扣会计及税务处理
86/ 第二节　营业外收入管理
86/ 一、酒水商进场费
87/ 【范例】餐饮店酒水购销合同
89/ 二、广告收入
89/ 三、物业使用收入
89/ 四、废品收入
89/ 第三节　餐饮店现金收入管理
89/ 一、了解国家现金管理规定
91/ 二、单据控制——单单相扣、环环相连

92/ 三、物品传递线

93/ 四、餐单传递线

93/ 五、现金传递线

93/ 相关链接：餐饮店常见结账方式

94/ 六、保持三线统一

94/ 七、关键控制点

第五章 餐饮成本费用控制

97/ 第一节 菜品成本控制

97/ 一、菜品生产前控制

97/ 二、菜品生产中控制

98/ 三、菜品生产后控制

99/ 第二节 人事费用控制

99/ 一、确定员工工资

100/ 相关链接：发放工资是一门学问

101/ 二、制定员工奖金

101/ 【范例】餐饮店奖金制度

103/ 三、员工福利

103/ 四、员工招聘费用控制

104/ 相关链接：招聘环节把关，降低员工流失率

105/ 五、员工培训费用

105/ 相关链接：培训费用由谁承担

105/ 六、人事费用控制方法

107/ 七、降低薪资成本

107/ 相关链接：怎样合理安排餐厅动线

107/ 第三节 经常性支出费用控制

107/ 一、有效控制租金

109/ 【范例】餐饮店房屋租赁合同

111/ 二、有效控制水费

112/ 三、有效控制电费

113/ 四、燃气费用控制

114/ 五、合理设置广告费用
114/ 六、刷卡手续费
114/ 七、折旧费
115/ 八、有效控制停车费
115/ 相关链接：停车场常见问题及其处理
116/ 【范例】餐饮店停车场租用合同
116/ 九、减少修缮费
117/ 第四节　外包业务费用控制
117/ 一、员工招聘外包
118/ 二、餐具清洁外包

第六章　餐饮食材管理

120/ 第一节　认识商标标志
120/ 一、注册商标
120/ 二、食品标志
122/ 第二节　食材选购管理
122/ 一、选购食品走出新鲜误区
124/ 二、挑选真正安全食品
125/ 相关链接：怎样辨别污染鱼
125/ 三、绿色食品选购
126/ 四、食材选购省钱窍门
128/ 第三节　食材验收管理
128/ 一、验收工作目标
128/ 二、验收职责
128/ 三、验收程序
129/ 四、验收数量不符处理
129/ 五、验收品质不符处理
129/ 六、坏品及退货处理
130/ 第四节　食材储存发放管理
130/ 一、食品储存管理
130/ 相关链接：各类食材储存法

133/ 二、食品原料发放管理

134/ 三、账卡管理作业

135/ 四、料的存管

136/ 相关链接：物的存管也不容忽视

137/ 五、盘点

第七章 餐饮安全卫生管理

140/ 第一节 解读最新食品安全政策

140/ 一、必须办理手续

140/ 二、员工管理

140/ 三、采购要求

141/ 四、不得采购、使用和经营的食品

142/ 五、食品安全操作规范

142/ 六、监管重点检查事项

143/ 七、抽样检验异议如何处理

143/ 八、法律责任

145/ 九、食品安全事故如何处理

145/ 十、违法所得、货值金额

145/ 十一、"情节严重"情形

146/ 十二、"从轻处罚"情形

146/ 第二节 各个环节控制食品安全

146/ 一、食材采购

146/ 二、生产阶段

148/ 三、消费阶段

148/ 四、食品安全检查

149/ 第三节 食物中毒预防

149/ 一、采购源头控制

150/ 二、细菌性食物中毒的预防

150/ 三、化学性食物中毒的预防

150/ 四、有毒动、植物食物中毒的预防

151/ 五、真菌毒素食物中毒的预防

151/ 六、食物中毒的处理
151/ 第四节　食物过敏预防
152/ 一、认识食品过敏
152/ 相关链接：各国食物过敏情况
153/ 二、最常见食物过敏原
154/ 三、过敏原预防管理
155/ 第五节　员工卫生管理
155/ 一、做好健康检查
156/ 二、员工个人卫生
157/ 三、工作卫生
157/ 第六节　厨房卫生管理
157/ 一、厨房环境卫生
160/ 二、设施、设备卫生
162/ 三、厨房用具
163/ 四、餐具
164/ 第七节　废弃物处理及病媒动物防治
164/ 一、气态垃圾处理
165/ 二、液态垃圾处理
165/ 三、固态垃圾处理
165/ 四、虫鼠防治
166/ 五、苍蝇防治
166/ 六、蟑螂防治

参考文献

第一章

对客优质服务管理

第一节　尽量满足客人要求

第二节　特殊客人特殊服务

第三节　巧妙应对常见问题

第四节　沉着应对突发事件

第五节　结账优质服务

第一节 尽量满足客人要求

一、自己加工食品

有时客人在就餐的过程中,要求自己加工一下食品或自带一些食品要求加工,对于这样的情况服务员应根据情况及餐饮店的规定酌情处理。

一个炎热的晚上,某川菜餐饮店里来了六男一女。点好菜后,他们便开始围攻坐在女孩身边的男人,吵闹着要他公开怎么将女孩追到手的事。那个男人拗不过大家,只好看看低头窃笑的女孩,然后讲了起来。讲到后面,那个男人更骄傲地向大家说:"小丽不仅年轻、漂亮,还会烧一手好菜呢,最拿手的就是麻婆豆腐,那个香呀,想想都流口水。"男人停下来,看一下大家,故意叹息说:"唉!可惜你们尝不到呀。"听他这么一说,大家都露出失望的神情。

突然,其中一个男人大声提议道:"让小丽现在就给我们做她的麻婆豆腐如何?"一语点醒了大家。"好啊,好啊。"大家一致赞同。男人再看看身边的女孩,还是一个劲地笑,没有反对的意思。刚才负责点菜的那位见状,马上招手叫服务员过来。"小姐,我们这位小丽小姐可是位做菜的能手,现在想借用一下你们的厨房,麻烦你带她去一下,好吗?"服务员一听,犯难了,从没顾客提过这样的要求,要是可以让顾客进厨房自己做菜,我们的厨师岂不是要失业?再说啦,厨房不像楼面那么干净,怎么能让顾客进去呀?顾客见服务员站在那里皱眉,便不耐烦了,对她说:"你要是做不了主就让经理来吧,别站在这里像木头一样。"见客人不高兴,服务员赶紧跑去找来了经理。

经理过来了,他对客人们笑着解释:"各位先生的提议真是挺特别的,不过我们餐饮店还没开过这样的先例,而且厨房重地,连我们都不能随便进入,况且这位小姐穿着这么讲究、斯文,要是为了炒个菜,把一身漂亮的衣服弄脏,就得不偿失了,小丽小姐,您觉得我说得对吗?"客人们这才注意到小丽今天真的穿了套漂亮的衣服来吃饭。小丽听到经理这么说,也开始心疼自己的这套新衣服了,这个提议就这么轻而易举地被经理挡了回去。

为了不让客人失望,经理一方面让厨房认真做这桌客人的菜,一方面又让服务员取来两瓶冰冻的啤酒,免费送给那桌客人。年轻人本来就爱喝啤酒,加上天气炎热,看见冰冻的啤酒上来,高兴得很,纷纷夸这里的经理(会做人)。

客人到餐饮店吃饭,本来就是来品尝食物的,如果让客人去显身手,势必会扰乱厨房的正常作业程序,也会影响到其他前来就餐的客人,所以,要从顾客的角度劝说其放弃这个念头。

二、自带食品要求加工

有时客人会自带一些食品要求加工,这也是一件正常的事,餐饮店应尽量满足客人的需求而不应拒客人于千里之外。但是,服务员事先要告诉顾客,替客人加工其自带的食品,要收工本费的,这是餐饮店的规定,无法破例。同时,还应当着客人的面,鉴定一下客人所带食品的质量,以防加工以后,客人提出品质方面的质疑,引起不必要的麻烦。

三、代管物品

有的客人在餐饮店用餐时,会将没有吃完的食品或酒品请服务员代为保管,遇到这种情况,服务员应注意处理好,不要引起顾客的误会,认为是怕麻烦之类的原因。

服务员一般可采用下列3种办法来解决这个问题。

(1)耐心地对客人解释,说明食品与酒品关系到健康问题,为了防止意外,为了对客人负责,餐饮店规定一般不宜替顾客保管物品。

(2)服务员可以主动地替客人打包,请客人带走。如果是客人要去办其他的事,要求临时将食品存放一段时间,办完事后再来取,服务员可以请示领导,得到批准后为客人代存。

应该注意,替客人保存食品之前,要将食品包好,写好标签,放到冰箱内,服务员之间也要交代清楚,待客人来取时,以便及时地交给客人。

(3)客人要求保存剩下的酒品,餐饮店应根据酒的种类和客人的具体情况酌情处理。

从经营的角度来说,客人在餐饮店里存放酒品,说明对该餐饮店感兴趣,对餐饮店的菜点和服务都满意,有常来的意思,这是表示对餐饮店的信任,是好事。

案例

有一天,某公司陈总在一家高级餐饮店宴请客户,看来宴请的客人很重要,陈总特地点了50年陈年茅台。酒过三巡、菜过五味,转眼2瓶酒即将见底,服务员小姚一看,再拿1瓶肯定喝不完,不拿客户又兴致未尽。"有了……"思考之后,只见她对着耳麦轻轻说了几句。

不一会儿,宴会结束了,陈总去收银台结账时问服务员小姚:"今天我们喝了几瓶酒呀?""2瓶!""不对吧!明明摆着3瓶吗?""陈总,有一瓶是您上次来存在我们这里的。""哦?!太好了!"

不过,替客人保存物品,餐饮店一定要对客人及物品负责,保证不出任何问题。只有做好以下各项工作,才可以获得客人的信赖,吸引客人常来,营业额自然就增加了。

① 一般葡萄酒类的酒品，开瓶后不宜保存时间过长，客人假若要求代管剩下的葡萄酒，服务员可以为其服务，并提醒客人记住下次用餐时饮用。

② 如果顾客要求保存的是白酒，则放在酒柜里即可，也要上锁并由专人负责。

③ 为客人代管的酒品，要挂上客人的名牌，放在专用的冰箱里，冰箱应有锁，由专人负责保管。

第二节　特殊客人特殊服务

一、醉酒客人

在餐饮店吃饭，经常有一些喝多了的客人，有的趴在桌上酣睡，有的豪情万丈，有的不受控制地高声叫喊，有的甚至发酒疯、摔餐具、骂人、打人。面对这种局面，应该怎样做呢？

（1）提醒已经喝多了的客人及在座的其他客人，让其注意酒喝多了，会影响身体健康。

（2）给醉酒客人端来糖水、茶水解酒，餐饮店也可备些解酒药，供客人服用。

（3）客人来不及上洗手间呕吐的，服务员不能表现出皱眉、黑着脸等容易激怒客人的动作和表情，而是要赶紧清理。

（4）建议呕吐了的客人吃些面条、稀饭等容易入口的软性食品。

（5）如果客人发酒疯，应请在座的其他客人进行劝阻，使其安静下来。

（6）如果客人醉酒打烂了餐具，应进行清点，让客人照价赔偿。

（7）发现醉酒者出现呼吸困难等紧急状况，应立刻拨打120求救，或将患者送往医院。

（8）服务员或值班负责人员均应将事故及处理结果记录在工作日志上。

（9）客人若是因为庆祝、团聚等一些令人高兴的原因而喝醉的，服务员可以礼貌而婉转地劝其不要再喝。

案例

有一天，一群人去参加同事的婚宴。席间，很多女士都纷纷用白酒围攻新郎，新郎当然是不能喝醉的，于是身边的伴郎挺身而出。刚开始，伴郎还能轻易地招架住，表现得相当"海量"，后来激起了大家的好奇心，竟然轮番上去，借敬酒之名灌那位伴郎，想看看伴郎到底有多大的酒量。新郎见势不妙，想替伴郎挡驾，但又劝不住，只好看着伴郎的脸由红变青、由青变紫。最后，伴郎被众人灌醉，见人就骂，还差点跟上来劝酒的人打起来，要不是被其他兄弟强拉住，不

知要闹出什么乱子来。女客们一见这阵势吓得纷纷退席,许多男客也不得不陪着同来的家人、朋友一同提前离开,好好的一个婚宴,被酒弄得不欢而散。

(10)有的客人是因为有了不愉快的事情而喝闷酒,导致醉酒发生,服务员同样要温和、婉转地劝其少喝些,并可以适当地与客人交谈几句,说一些宽心和安慰的话,但千万不要谈得太具体、太深入。

二、残疾客人

残疾人最怕别人用异样的眼光看待他们,所以,作为餐饮服务人员,绝不能用怪异的眼光盯着残疾客人,而是要用平等、礼貌、热情、专业的态度服务他们,尽量将他们安排在不受打扰的位置。

(一)盲人客人

盲人客人因为看不见,服务员应给予其方便,具体做法如下。

(1)为其读菜单,给予必要的菜品解释,同时,在交谈时,避免使用带色彩性的词作描述。

(2)每次服务前,先礼貌提醒一声,以免客人突然的动作,使你躲避不及,造成意外发生。

(3)菜品上桌后,要告诉客人什么菜放在哪里,不可帮助客人用手触摸以判断菜品摆放的位置。

(二)肢体残疾客人

(1)应将客人安排在角落、墙边等有遮挡面、能够遮挡其残疾部位的座位上。

(2)帮助客人收起代步工具,需要时帮助客人脱掉外衣。

(3)客人需要上洗手间时,要帮助客人坐上残疾车,推到洗手间外,如果需要再进一步服务的,请与客人同性的服务员继续为之服务。

(三)聋哑客人

对于聋哑客人,服务员要学会用手势示意,要细心地观察揣摩,可以利用手指菜肴的方法征求客人的意见。

(四)注意事项

(1)在为残疾人服务时,服务员既要表现出热情、细致、周到的服务,又要适可而止。有的肢体残疾人不愿意让别人把他当成残疾人看待,所以要注意不要在服务过程中热情过度或提及残疾方面的词语,给予顾客一视同仁、平等待人或既温暖又受到尊重的感觉就好了。

案例

　　一位脚有残疾、坐着轮椅的客人进餐饮店就餐，服务员小昭非常热情地帮助这位客人靠近餐桌、倒茶和点菜。由于这位客人点的菜比较多，开始上的菜可以放在他的手能伸到的地方，后来上的菜离得远些，这位客人夹起来就很困难了。

　　服务员小昭见状，立即上前帮忙夹菜，但这位客人很客气地说要自己夹。小昭认为帮客人是应该的，也没理会客人，还是帮客人把菜夹了过来，客人的脸却一下子就沉了下来："谁要你夹了！"随即很不高兴地立即付账，愤然离去。

　　（2）在为残疾人进行结账服务时，服务员要耐心地向客人解释账单，有时可以逐项累计菜价，让客人心里明白。残疾人付款时，服务员要告诉客人所收的钱数和找付的钱数，一定要让其弄清楚。

　　（3）另外，服务员千万不要帮客人从钱包里拿钱，以免造成其他不必要的麻烦，或引起客人的误会猜疑，即便是盲人，也应该让其自己拿钱、自己装钱。盲人可以通过手摸来感觉钱票面额的大小，各种人民币上都印有盲文。

案例

　　一次，某餐饮店来了一位头发金黄、皮肤白得很不正常、走路一颠一跛，而且还严重脱皮的顾客。迎宾员像见了传染病人一样，与那位特殊的顾客拉开了好大的距离，远远地将他引了进来，带到一个不起眼的角落位置。这位客人的到来多少还是引起了不少人的注意，纷纷侧目看他，还小声地议论。服务他的服务员在倒茶时，两腿站得老远，手伸长了还差点够不着茶杯，客人见此马上就不高兴了。在后来的服务中，服务员始终是一副不情愿的样子，更谈不上热情、周到了。那个顾客好几次都阴着脸好像要发火似的，但看见餐饮店里很多人都偷偷回头看他，便不再理会，匆忙吃完饭，走到服务台边时，他犹豫了一下，翻开"顾客留言簿"写了起来。那位服务员开始愁容满面了，想着自己要被顾客投诉，当月的奖金又要泡汤了。等饭市结束后，服务员急忙翻看那位客人的留言，才知道那位客人其实得的是一种不会传染的基因病，他投诉大家都把他当怪物看，服务员像怕被他吃了一般，总是站在一丈开外的地方倒茶、写菜，同时，他对周围顾客用怪异的眼光看他和议论，也很有意见，认为在餐饮店里消费不应出现这种状况，至少服务员不应如此。

三、带小孩客人

　　带小孩的客人来餐饮店用餐，服务员要给予更多的关注和照顾，服务员所做的每一点努力，都会得到客人的认可与赞赏。

服务员可以从下面8个方面着手，去照顾带小孩的客人用餐。

（1）对年幼的小客人要耐心、愉快地照应，并帮助其父母，使小朋友坐得更舒适一些。

可以为小孩拿来儿童专用椅，一般的餐饮店都应准备好这样的专用椅。考虑周到的餐饮店还可准备两种专用椅：一种是专门为幼儿准备的，椅子的前部有一个像桌面似的栏板，幼儿使用的盘、碗都可以放在上面，这种椅子因为有栏板，所以孩子坐在上头很安全；另外一种椅子是为五六岁的孩子准备的高坐椅，是为可以让大一点的孩子能够与大人一起上餐桌用餐而准备的。

小孩的椅子尽量不要安排在过道旁边，以避免危险的发生。

（2）在小孩的桌上，不要摆放刀叉等餐具，另外像易碎的糖缸、盐瓶等物品也应挪到孩子够不着的地方，以免发生意外。

（3）如果有儿童菜单，请家长先为孩子点菜，点了菜之后，可以先给孩子上菜，孩子的菜要注意软、烂、易消化。

（4）孩子使用的餐具要安全，一般可以使用金属的，而不要选择玻璃制品；给孩子斟饮料，不要用太高的杯子，最好用短小的餐具，以方便其使用。

（5）尽可能地为小朋友提供围兜儿、新的座垫和餐饮店送的小礼品，这样会使孩子的父母更开心。

（6）如果小朋友在过道上玩耍，打扰了其他客人的正常用餐，要向他们的父母建议，以免其他意外的发生。

（7）当孩子用餐完毕，服务员可以给孩子提供一些简单的玩具供其玩耍，或是帮助家长照看一下小孩，让大人免除牵挂地用餐。

案例

一天，餐饮店来了几对带小孩就餐的客人。半小时过去，小孩大约吃得差不多了，几个年纪相仿的小孩便跑到一起玩耍，整个店顿时显得吵闹起来。他们的父母只是提醒一下孩子不要跑来跑去以防摔跤等，就自顾与同来的朋友聊天了。随后，又引来更小的小孩，他们在大人的搀扶下，跌跌撞撞地跟着那群孩子进进出出凑热闹。

店里本来没有为孩子们设立专门玩耍的地方，仅有不宽的过道和一些摆放物品的位置。小孩子们的冲撞给服务工作带来了很多不便：一是有客人投诉餐饮店吵闹，没法安静地享受美食；二是一位老年人在行走时差点被撞倒，幸好服务员眼疾手快扶住了客人；三是因为孩子们的冲撞，险些使传菜员将一托盘的菜弄洒；四是在领台员带位时，孩子们会妨碍客人的行走。

于是，当务之急就是想办法将这些孩子们送回座位上，并让他们乖乖地待着吃饭。经理首先来到孩子父母跟前，礼貌地对他们说："对不起，打搅你们一下可以吗？你们的孩子真的非常活泼、可爱，但在餐饮店里来回奔跑，恐怕容易发生意外，为安全起见，可否请他们回座呢？我们将向孩子们提供一些简单的玩具和图书，您看好吗？"然后又温和地对孩子们说："小朋友你们好！看到你们玩得那么开心，现在一定该累了对吗？你们想不想看小人书和玩玩具啊？"孩子们一听有书看、有玩具玩都很高兴，全都举手说要书看、要玩具玩。经理马上提议道："好！那就马上回到自己的座位上，看谁最乖，叔叔就将玩具和书送给谁。"再加上一句："看谁回去得快！"话音一落，孩子们马上飞奔到了各自的座位上，乖乖地等着服务员阿姨的到来。孩子们有了新的兴趣，自然能安静下来了，餐饮店又恢复了以往的安静。

（8）有的孩子十分可爱，服务员喜欢上去逗弄孩子，但若非很熟，最好不要抱小孩或是抚摸小孩的头，有些孩子的父母不喜欢看到这种情形。没有征得孩子父母的同意，服务员也不要随意给孩子吃东西。

总之，对于带小孩用餐的客人，服务员既要热情，又要得体，要注意把握好分寸，千万不要适得其反。

四、老年客人

如果就餐的客人是老年人，年老体弱就更需要服务员给予特殊照顾。

若是看到老年顾客独自来用餐，身边无其他同行的客人时，服务员应主动地扶他们就近入座，要选择比较肃静的地方，放好手杖等物，在客人离开前，主动地把手杖递到他的手中。

在给老年顾客上菜时，要注意速度应快一些，不要让其久等，给老人做的饭菜，还要做到烂、软，便于咀嚼。

总之，对于老年顾客，服务员应给予更多的细心与关心，更多地奉献责任心与爱心。

案例

王女士和他80多岁的父亲来到餐饮店用餐，刚下车，王女士便走到其父身旁搀扶着，原来老人的行动不太方便，这一细节被服务员小郭看到了，于是，她快步走出大门，微笑着来到老人面前说道："老爷爷，您慢点，我来搀扶您吧。"到了餐饮店的大门口，小郭立即将旋转门的速度放慢，让老人安全地走进了餐饮店。进了餐饮店小郭还专门为老人安排了一个出入方便的位置，然后微笑着离开了。待王女士及父亲用完餐准备离开的时候，小郭又细心地把老人送出了餐饮店，当老人准备上车时，小郭不仅为老人拉开了车门，又将老人的双腿扶进车里帮老人把大衣披好，最后将车门轻轻地关上。小郭这一系列服务使王女士和他的老父亲非常感动，他们连连称赞说："你们的服务太好了，下次我们还来这儿！"

五、熟人或亲友

服务员在岗时，如果遇到熟人或亲友来用餐，应当一视同仁地对待。

服务员应该像对待其他宾客一样，热情有礼地接待，主动周到的服务，而不能直接离岗，与熟人或亲友闲谈。

还应注意的是，服务员不可在大庭广众之下，不顾自己的身份和工作场所的规定，与亲友或熟人寒暄时间过长，甚至是拍拍搂搂、拉拉扯扯，以免造成其他顾客的不满，造成不良影响。

另外，服务员更不能离岗，直接与熟人或亲友入席同饮同吃，要知道，服务员在餐饮店是工作时间，应该为所有顾客服务，怎么能弃其他顾客于不顾，而与熟人、亲友话短长呢，这显然不合适。

在点菜和结账时，最好避开，请其他同事代劳，以免引起不必要的误会。

第三节 巧妙应对常见问题

一、菜、汤汁溅到客人身上

菜汁、汤汁、酒水溅到客人身上，往往是由于服务员操作不小心或违反操作规程所致。在处理这种事件时应首先诚恳地向客人道歉，然后用干净的湿毛巾为客人擦拭衣物上的污渍，如是女客人，应由女员工为其擦拭。

如果不奏效，要将餐饮店备用的干净衣服给客人换上，把脏衣服按下列方式进行处理。

（1）油渍，用清洁剂和热水将弄脏的衣服浸泡半个小时后，再搓洗干净。

（2）茶渍、咖啡渍，尽快将衣服浸泡在冷水里，即可用一般的方法清洗。

（3）红酒酒渍，衣服入水前，将白酒或酒精倒在红酒渍上，也可用醋精或米醋倒在红酒渍上反复搓，再将衣物放入较热的清水中清洗。

除以上方法外，也可将衣服送到专业的洗衣部门进行清洗。衣服洗净、熨平后，由餐饮店主管亲自给客人打电话联系送衣地点，带上由餐饮店经理签名的致歉函，把衣服送到客人手中。

二、顾客AA制

越来越多的人接受吃饭AA制，对此，餐饮服务员应该有所准备，提供有效服务。

案例

有一天,某餐饮店来了五位要求分点菜、分付账的人士。服务员为他们写好了菜单,不一会,等上完后才发现还有一位顾客的菜没上,只好让传菜员到厨房催。其他人的食物都上齐了,那位顾客还在不耐烦地等着。催过几次后,厨房传话过来,菜已经全部上齐了。服务员一听傻了,急忙跑去厨房查单,才发现自己工作出了错,令厨房误认为两张同样的点菜单是重了单,所以只做了一份菜。事后,服务员给客人道了半天歉,顾客才没再继续追究,当然,这位顾客的菜是要求厨房加快出的。

一般的 AA 制,餐后先由一人结账,再人均平摊所需费用。这种 AA 制通常由客人私下自己解决,对餐饮店的服务工作并无什么特别要求,但对于各点各的餐、各结各的账的客人,则需要服务员多留几个心眼了,结账时注意以下要点。

(1) 首先从主宾或女宾开始按顺时针方向逐位服务,每写好一份菜单,要注意记录客人的姓氏、性别、特征、座位标志等。

(2) 将菜单交给负责上菜的服务员、厨房、收银台。

(3) 客人需要添加食物或酒水的,在其账单上做好相应的记录。

(4) 结账时最好由负责点菜的服务员负责,以减少出错的概率。

三、客人要求陪酒

这是客人想表示对服务员服务工作做得好的谢意。对于这种性格外向的客人,服务员要谢过对方的好意,委婉地告诉客人,餐饮店规定服务员是不能与客人一起喝酒的,请客人谅解,同时,要马上为客人倒酒、换骨碟、换烟灰缸等,以转移客人的注意力。

客人找不到人喝酒,一个人喝又觉得没意思,对于这类客人更要注意自己的行为举止,免得客人借酒浇愁,把你当成倾诉或发泄不满情绪的对象,既影响你正常的服务工作,又妨碍了对其他客人应有的服务,还把自己无端卷进客人的是非之中。

有个别客人有意借三分醉意挑逗服务员,遇到这种客人,要严肃、技巧地拒绝客人的无理要求,并请客人自尊、自爱,拒绝时用词要温和,但态度一定要严肃、沉着。

案例

某天,服务员小樱接待了几位挑剔的客人,他们刁难了小樱好几次,小樱总是耐心地服务。突然,主宾大声说:"小姐,你对我有意见?这么多人,你偏偏把鱼头朝向我?"

"不敢，不敢。"小樱急忙摇头。

"那，你得给个说法，不然，这鱼头酒，你替我喝了。"客人有点刁难。

小樱壮了壮胆："您看，这是条鳜鱼，您呢，是今天的贵客，您说，鳜（贵）鱼不朝着贵客，朝着谁呢？"客人们都笑了。

终于，气氛在一个小小的玩笑后缓和了些，可这鱼头酒，那位主宾是说什么也不喝。客人们又把任务交给了小樱："小姐，鱼是你放的，鱼头酒你还是要来解决吧！"

"什么？这……"小樱慢慢地走到主宾身旁端起酒杯："先生，我知道，您是一定不会让我为难的，是吧？！"

"嗯，怎么不会！你替我把它喝了，我出小费！"

小樱哭笑不得，说："上班时间，不能喝酒，这是我们的规矩啊。"

"我又不说，谁知道？"他边说还边站起来关上包房的门，又掏出一张百元大钞拍在桌子上。

小樱笑着摇头，说："先生，您也是领导，和我们领导一样，总不希望看到自己的员工触犯规章制度吧！"

"好！说得好！大哥，喝吧，不就小酒一杯吗？小姐脚都站累了！"一桌人居然都为小樱说话，他终于端起了酒杯一饮而尽。

后面的服务异常顺利，客人们的态度也来了个一百八十度的大转弯，临走，都主动和小樱握手表示感谢！

四、客人有要事谈

服务周到、殷勤很好，但也要看场合，要特别注意察言观色，如果发现客人来餐饮店的目的是有要事谈，就不要过多地干扰他们。

（1）遇到要求坐在餐饮店偏僻座位、角落座位和包房的客人，多数是为了要有个安静的环境，便于洽谈和不受太多干扰。

（2）如果客人表现得乐于攀谈，服务员可以与之多聊几句，使客人觉得餐饮店服务人员待客热情。

（3）如果客人落座后显得比较兴奋和急于与同来的客人谈话，服务员则应该微笑、安静地给他们服务，然后礼貌地退出。

（4）再进行服务时，也应安静地进行。如需提醒客人点菜或有事要向客人说明，应在客人讲完话后再礼貌地插话："很对不起，先生，打搅一下好吗？现在已经快中午1:00了，能不能请你们先把菜点好再接着谈？"

（5）等事情得到解决后，服务员还要再道歉一次才退出："谢谢你们的理解，打搅了大家的谈兴，实在抱歉。"

> **案例**
>
> 不久前,两位顾客相约到某店见面谈些重要的事情,为防被打扰,她们特意订了一间房间。当两位顾客坐下聊天时,服务员小王殷勤地上茶、递毛巾、上餐前小吃,还不停地说:"小姐请用茶。"、"这是餐前小吃,请两位小姐品尝。"、"两位小姐喜欢吃点什么?"、"两位是头一次来我们餐饮店吃饭吗?"接着还准备介绍餐饮店。
>
> 如果只是来吃饭,顾客会觉得服务员照顾得很周到,可是当时由于急于谈事,只好礼貌地谢过她,请她去为别的顾客服务。虽然小王也识趣地出去了,但却似乎怕顾客自己不会倒茶,隔一会儿就进来续水,隔一会儿又进来看看,好几次问顾客需要些什么?由于顾客谈的事情比较私隐,不愿被其他人听了去,所以每当服务员进来,她们就要被打断,感觉很不舒服。最后,顾客警告服务员:"没有叫你进来时,请你别进来打扰我们!"小王吓了一跳,红了脸即刻出去了。后来,没有顾客喊服务,她真的不敢再进来了。

(6) 要多观察客人的言行。如果自己的工作打扰了客人,就应该减少像换骨碟、烟缸这样的服务,在更换时,也要尽量地从不妨碍视线的角度进行服务,并轻拿轻放,尽量不造成打扰。此外,客人在谈一些重要的事情或隐私时,服务员应该自觉地退出房间,并将门关上,需要进来时,也应先敲门再进来,让客人有个心理准备。

五、客人想要赠送礼品或小费

客人为了表示感谢,往往喜欢赠送礼品或小费以表示谢意,表示对服务员良好的服务态度、服务热情的认可。遇到这种事情时,服务员要婉言谢绝,向客人解释不收礼品或小费的原因,但语言不必过多、过于繁琐。如果实在推脱不了,可以暂时收下,并表示谢意,在事后,要向餐饮店领导讲明原因,做好登记,以便统一处理。当然,也可以采取别的一些办法,还要看餐饮店的具体有关规定而定。

有的餐饮店设有专门收集小费或礼品的箱子,遇到不能推脱的小费或礼品时,就把小费塞入收集箱,一个季度后再打开,作为员工共同的额外奖金发放给所有员工;对于礼物,一般可到一定时候,公开对员工拍卖,再将拍卖款放入小费收集箱里。

六、不礼貌客人

(1) 作为接待旅游团体的餐饮店,应该从不同渠道多方了解旅行客人当地饮食的习惯和状况。如接待广东游客，服务员事先就应做好一些准备工作，这样不至于届时手忙脚乱而被投诉。

（2）遇到没有礼貌，甚至呼喝服务员做事的客人，除了用宽容的心态去向客人道歉外，服务员还要用特有的微笑去服务顾客，把服务工作做好。微笑其实是一把非常锐利的武器，有再大意见的客人，只要看到服务员诚恳的面孔、真诚的道歉、热情的微笑，没有不"投降"的。俗话说"你敬我一尺，我敬你一丈"，人心都是肉长的，客人没理由拒人于千里之外的！

（3）有一些客人，比较喜欢在众人面前有所表现，也就是有自我表现的欲望，所以也就爱找一些借口将事情扩大化，将众人的视线吸引过来，表现够了，他也就心满意足了。对于这样的顾客，一要耐心听取她的意见，不要急于争辩和反驳；二要坚持用微笑来打消他继续表演的欲望；三是为了感谢他给餐饮店提出的宝贵意见，给他送上一份小礼物或水果，给他足够的面子，他自然就会高兴地"收兵"了。

案例

桂林某餐饮店，接待了一个广东来的旅行团。该团的一位中年女士，非常挑剔。原来，很多广东人到餐饮店吃饭都有用茶洗刷餐具的习惯，无论水温是否足以起到杀菌的作用，总之经自己的手将餐具冲刷一下，心里就放心了。到了外省，这样的习惯就不太被当地服务员所理解，认为这个动作比较多余，是一种资源的浪费和对他们餐饮店卫生工作的不信任。一桌12个人坐下来，刚送上的一壶茶水即刻被用于冲刷，甚至还不够，又要喊服务员加水，供其他没倒上水的顾客冲刷他们的餐具，续水还没送上来，前面已经刷好餐具的顾客又该将水倒了，刚将盛洗刷水的器皿摆上桌，茶水又要续了，这次大家要喝水了。一壶茶水只够大半桌的顾客用，还得再加，光这顿工夫，服务员被那位嫌她们手脚慢、服务跟不上的牢骚女士呼来唤去地忙个半死。不仅这样，那位女士每次使用的都是命令句式："喂！加水！"、"有没搞错啊！菜这么难吃，叫你们老板来！"、"喂！你过来！这么热，怎么不会把空调开大点呀？"

七、客人损坏物品

绝大多数用餐客人在餐饮店损坏餐具或用具是不小心所致，对待这种情况，具体做法如下。

（1）先要收拾干净破损的餐具和用具。

（2）服务人员要对客人的失误表示同情，不要指责或批评客人，使客人难堪。

（3）要视情况，根据餐饮店有关财产的规定，决定是否需要赔偿。

如果是一般的消耗性物品，可以告诉客人不需要赔偿了，如果是较为高档的餐具和用具，需要赔偿的话，服务人员要在合适的时机，用合适的方式告诉客人，然后在结账时一起计算收款，要讲明具体赔偿金额，开出正式的现金收据。

案例

一位40多岁的男士，在某餐饮店酒架前选葡萄酒时，不小心摔碎了一瓶。服务员闻声跑过来，看到这种情况，马上护送这位先生走出碎玻璃范围，并关心地询问："先生，您没有受伤吧？"

客人感到不好意思，说道："不，我没受伤，不过，打破了一瓶酒，真是对不起，这瓶酒多少钱？我照价赔偿。""不用，不用！是我们商品陈列不好才让您受惊的，这是我们的疏忽，您不用在意。"服务员说完后，便叫清洁工把碎瓶子清理干净了。

客人依然觉得过意不去，便坚持要赔偿。可服务员一再委婉地拒绝，后来，客人只好说："好吧，既然你坚持不让我赔偿，那么你把你们最好的葡萄酒给我拿六瓶。"说完，便付不菲的价钱买走了六瓶价值极高的葡萄酒。

八、客人偷拿餐具

餐饮店中用于服务的餐具，特别是一些特色餐饮店里面餐具的款式和做工一般都比较精巧别致，有些客人会出于好奇，也有些旅游的客人，每到一个地方都喜欢拿一点小物品或是餐具作为纪念品，而擅自拿走。

发生了客人偷拿餐具怎么办？餐饮店是进餐的场所，因此，当服务员发现了顾客偷拿餐具时，一定不能大声嚷嚷，也不能生硬地让顾客当场把偷拿的物品交出来。服务员若是强行命令顾客，就很容易把事情弄僵，有时甚至会扰乱餐饮店的正常秩序和气氛。遇到这类问题时，服务员应讲究策略与方法，巧妙地来解决。

案例

在一家高档餐饮店里，一位外国客人用餐时，看到所使用的餐具古色古香，富有中国特色，心生爱意，于是悄悄地装进了口袋，这一幕，恰巧被服务员小柳看到了，她不动声色地说："谢谢各位的光临，顾客的满意是本店的荣幸。我发现有的宾客对我店的餐具很感兴趣——这当然是很精美的工艺品——如果有哪一位愿意购买的话，我可以与我们的工艺品销售部联系，那里有同样精致、无毒且全新的具有中国特色的成套餐具奉献给各位。"说着便把目光投向了那位将餐具放进口袋的外国客人身上。那位客人马上从口袋里将餐具掏出来，说："我看到贵国的工艺品太精致了，情不自禁想收集一套，我很喜欢它，既然有全新、成套的，那就以旧换新吧。"

九、客人要求取消等了很久却没上的菜

客人催菜是个常见的问题,遇到这种情况,要按如下步骤处理。

(1)首先要道歉。

(2)查看点菜单和桌上摆放着的菜品,确定无误后,马上通知传菜员或自己到厨房查对、催促。

(3)若客人要求退掉该菜,应赶紧去厨房查问这道菜做了没有。如果是即将做好的,要回去跟客人解释,并告诉他们所点的菜很快就上,请他们稍等,并为此再作道歉;如果菜还没做,则应向主管报告,同意客人取消的要求。

案例

有一次某餐饮店来了一桌外地客人,坐下后便喝茶、聊天、等菜。不知什么原因,那桌菜稀稀拉拉地上着,也许是该桌客人饿了,一阵"秋风扫落叶"后,已经吃饱了,后面还有两道菜没上齐呢,于是招手叫服务员过来,要求将那两道菜取消掉,理由是上菜速度太慢,他们已经吃饱要结账了。服务员为难地对客人说:"不好意思,请你们稍等一下,菜应该很快就上来了。"客人一听就火了:"什么叫'应该'?我们饭都吃完了,菜还没上,叫我们怎么吃呀?"服务员只好说:"那我到厨房看看菜做好了没有吧。"说完马上去厨房查问,一问才知道两道菜都在做,其中一道快要端来了,另一道也要不了几分钟便好了。服务员愁容满面地回到客人桌前解释,想说服他们继续享用那两道迟来的菜,但客人就是不管,一定要退。无奈之下,服务员只好找领班解决了。

领班是一位温文尔雅的女士,一见到客人,马上面带微笑向客人了解情况,等客人将心中的牢骚和不满都发泄完后,领班才笑着说道:"菜到现在还没上齐,完全是我们的错,责任自然要由我们自行承担,如果你们要退掉,我完全赞成,但我听你们口音好像不是本地人,对吗?"客人听到领班同意退菜,马上舒了口气,口气也缓和了很多,其中一人回答说:"是啊,我们从北京来杭州做生意,忙得连中午饭都没吃上,所以刚才狼吞虎咽地就把肚子给吃饱了。""哦,怪不得!其实后面这两道菜是典型的杭州特色菜,口感香、不油腻,今天做这两个菜的大师傅可是我们餐饮店的金字招牌,获奖无数的呀,你们尝不到真是有点可惜呀。"领班说完,还表现出一副惋惜的神情,说得那几个外地顾客不由得犹豫了起来。领班似乎看透了他们的心思,进一步:"如果你们真的决定不要了,我可就安排给其他等着的顾客啦。"说完就招呼另一个服务员过来,吩咐她将摆在工作台上香喷喷的菜,端到另一张桌去,一个顾客马上摆手阻止说:"既然这么好,我们就尝尝吧,把菜放在这好了。"

为了使顾客吃得满意,领班在两道菜都吃得差不多时,还过来向顾客征求意见并亲自送上了果盘,其态度的诚恳、招呼的热情,使原本有心退菜的顾客收回

了意见，高兴用餐。

十、餐饮店客满

（1）如果座位已满，应礼貌地告诉客人："小姐（先生），对不起，现在已经没有空座位了，请您在休息处稍等一会儿好吗？一有客人结账离开，我会马上告诉您的。"

（2）人多的情况下，要给等候的客人排等位号并做好登记，不要让先来的客人后得到座位，而后来的客人却先得到座位，否则一定会引起客人的不满，同时也显得餐饮店管理混乱，把客人赶跑了。

 案例

一天中午，某餐饮店前面有许多客人在外面站着排队，咨客看着排队的客人，只能摇头表示没有办法可想。许多客人站了大半个小时，腿都站累了，总算有人结账要走了，几个新来的顾客马上急不可待地抢先跑了过去，并毫不客气地当即坐了下来，咨客见了只是看了看就不管了。先到的顾客都很有意见，纷纷指责咨客和那些抢占座位的青年，谁知咨客居然说："我们餐饮店接待谁都是接待，有钱赚就行了，我管是赚谁的，谁先坐谁坐！"大家简直气炸了，其中几个女孩子马上便生气地离开了，另外一些也在骂骂咧咧。

（3）为等位的客人送上茶水和报纸、杂志，以转移客人的注意力。

（4）有座位提供时，不要急于将客人引进餐饮店，应等服务员将桌子收拾好，摆好台，再请客人入座，否则客人看到狼藉的杯盘，还要站在一旁等候服务员收拾、换桌布、重新摆台，一定会影响情绪。

（5）如果客人没有时间久等，应向客人介绍厨房可快速做好的食品，请客人将食品打包回家再吃。"我们餐饮店有几款味道不错的菜点，可让厨房尽快做出来让您打包的，不知您是否愿意试一试呢？"并要对这种提议表示道歉："实在不好意思，因为今天来的客人特别多，一下子不能为您解决座位，请您原谅我的这种提议。"

（6）给客人奉上餐饮店的订座名片，请客人下次提早预订。

（7）将客人送到餐饮店门口，道再见："先生慢走，欢迎您下次再光临！"

十一、客人点了菜单上没有的菜

如果客人点的是菜单中没有的菜式，应请客人稍候，向厨房询问是否有所需的原料和配料、菜品的质量能否保证、出菜的时间是否太长等，然后再向客人作解释，请客人自己决定或者向客人作相应的推荐。

案例

8月的某一天,深圳一家餐饮店里,每台空调都开足了马力等待迎接顾客。突然,门外闯进来一位中年男士,操着一口四川话,说要吃火锅。大家一听都以为耳朵出了毛病,听错了,但那位中年男士重复了几遍,还是要吃四川火锅。本来这家餐饮店是经营粤菜和川菜的,但到了炎热的夏天,广州本地的顾客都怕上火,吃川菜的顾客明显减少,有时竟一天都没有一个吃川菜的顾客来,老板只好让做川菜的几个师傅等天气转凉了再回来做川菜,谁知师傅们才走了两天,吃川菜的顾客就上门了,而且还要吃火锅,急得老板直挠头。

这时,餐饮店经理笑着对顾客说:"这位大哥,深圳天气这么热,您不怕吃太辣上火啊?"顾客也笑了:"我们四川人不上火的,时间长了不吃正宗的四川火锅才上火呢,真的。"经理想:如果实话告诉他做川菜的师傅走了,这位顾客一定会很失望,既然他是冲辣椒来的,那我们不妨向他推荐些用辣椒炒的菜试试。只见经理对顾客说道:"四川火锅真的很好吃,其实很多深圳人都喜欢吃,只是深圳的夏天又长、又热、又燥,很多外地人来到这里都不得不喝凉茶祛湿、祛热,你们四川的水质带寒凉的,而我们广州的水和整个气候环境都是燥热的,所以广东的饮食都是以清淡的食物为主的。""哦?你讲的似乎很有道理,实话告诉你吧小伙子,我刚从四川到这里陪孩子上大学,孩子总在学校里,我自己一个人也不想做,刚好看到你们这里写着经营川菜,我就进来了,既然你说吃川菜太上火,那我吃点啥好呢?"经理一听有戏,很高兴,就向他介绍了一些既有一点辣但又相对没那么容易上火的粤菜食物。这位中年男士虽然没有吃成四川火锅,但还是吃了一餐满意又地道的粤式菜点。

十二、客人发现饭菜中有异物

在餐饮服务中,有时的确会有这种问题发生。比如,菜肴中会有草根、米饭中有黑点等,有时菜肴中甚至还有如碎瓷片、碎玻璃、毛发、铁钉等物品。

在遇到此类情况时,服务员应首先向客人表示歉意,然后将客人已经上桌的饭菜,不论其价格高低,都立即撤下来,仔细分辨是什么东西。

经过分辨,认定是异物时,要立即为客人重新做一份新的饭菜,或者是征求客人的意见换一款与之相近的菜肴,同时,再次向客人表示诚恳的歉意。

作为餐饮店,要对异物产生的原因进行分析,是菜肴清洗方面的原因,还是不安全操作的原因,或者是厨房卫生方面的原因,以便今后更加注意防范。

出现异物的原因不同,客人的反感程度也不一样,像草根之类的异物,客人一般较容易理解,而如果是人为的卫生上的问题,客人可能会非常反感。

根据客人反感程度的不同,餐饮店方面要做出相应的表示,通常换菜是最为简单的补偿,有的时候还要免收部分餐费,餐饮店管理人员还要亲自向客人赔礼道歉，以示重视。

餐饮店出售的饭菜中出现的异物，无论是何种东西，都要引起有关方面的高度重视，因为这关系到一个餐饮店的信誉与声誉问题，要认真吸取教训。

董先生是某电子公司销售部经理，过节了，他请同事们来到了湘菜馆聚餐。大家见经理如此盛情，就分别点了自己喜欢的菜肴，有"嫦娥奔月"、"滑菇笋片"、"蚂蚁上树"等。

不一会，凉菜纷纷上桌了，"这是您点的'蚂蚁上树'。""等会儿，服务员！"董先生笑着说，"你说这叫'蚂蚁上树'，是吗？""对呀，这是我们饭店的特色菜，是用土豆丝做的，很爽口的。"服务员微笑着说。

董先生指着菜说："我看这是头发上树吧，这美味可口的土豆丝上面怎么镶嵌着一根头发丝呀？"大家顺着董经理的手指看过去，在金黄色的土豆丝中果然夹杂着一根黑色的头发。"先生，非常抱歉！我马上给您换菜！"服务员尴尬地说。"我想一定是蚂蚁不听话，咬住头发丝跑到土豆丝上去了吧！"董经理说完，客人们哄堂大笑，这让服务员感觉更尴尬了，她赶紧把菜撤掉又重新让厨房做了一份。

十三、顾客反映菜肴口味不对

客人反映菜肴的口味不对，是有许多方面原因的，有时是菜肴口味过咸或是过淡，有时是菜肴原料的质量有问题，有时也可能是菜肴的烹调方法与顾客认为的不一致。

（1）如果是由于咸淡味不合适而造成客人的不满，服务员应将菜肴从餐台撤下，送回厨房重新制作，淡了可再加些作料进行补救，咸了则重新制作一份，服务员要向客人表示歉意。

（2）如果是由于烹调方法造成客人的不满，服务员也应该向客人表示歉意，然后婉转而礼貌地向客人介绍一下本餐饮店此种菜肴的制作方法，求得客人的理解。

（3）如果是原材料的质量出了问题，服务员要立即撤下菜肴，向客人道歉，请客人重新订一款与此口味相近的菜肴，立即制作，上桌后请客人再次品尝。

十四、顾客提出问题答不上来

客人在餐饮店用餐时，有时会问服务员一些问题，比如本餐饮店食品的品种，或是当地有哪些风景名胜，或者是某公共场所的地址等一系列问题。

对客人提出的合乎要求的问题，一时答不出来的，应求助他人，给客人一个答案。

有时客人也会问一些关于菜肴的做法，或是原料的品种等问题，如果知道，就直接告诉顾客，若是不太清楚，就要表示歉意，然后表示尽量为其打听一下。

案例

某家餐饮店，一位客人问服务员，"葱烧海参"这道菜中使用的海参是什么品种？这位服务员回答不上来，就说："实在对不起，我不太清楚，让我去问问厨师再告诉您。"客人对该服务员表示满意，因为他感到了服务员对他表现的应有的尊重与热情。

诸如此类的问题，在餐饮店服务中会经常遇到，因此服务员在平时就要细心地去了解、观察、询问，通过这些方法和途径来掌握各种各样的丰富知识。

十五、当顾客因菜肴长时间不上而要求减账

客人点了菜，却迟迟不见上菜，而值台服务员也没有注意到这种情况，没有及时地与厨房联系，这是餐饮店方面的失误。

发生这种情况时，客人要求退菜、减账，这也是完全正当、合理的，因为是餐饮店方面延误了太多的时间，服务员也没有及时联系，所以，服务员对于客人的要求应该给予满足。

当然，在具体处理这种情况时，服务员也可以与顾客商量一下，是否可以马上制作这道菜，为其上菜，但是决定权在客人的一方，服务员不能强求。如果客人仍然不同意，执意要求退菜、减账，服务员应照办，并且因为自己工作的疏忽而怠慢了顾客，要向客人道歉，取得客人的谅解与理解。服务员还应检查一下自己为何失职，注意在以后的服务过程中跟菜要及时。

案例

八月十五中秋节，是家人团聚的日子，在海外学习多年的江先生赶了回来，全家人都很高兴，江太太说："趁着这个好日子，今天晚上我们全家人出去吃顿饭，好好地聚一聚吧！"由于没有提前预订，江先生一家找了好几个饭店才找到空位。

点完菜后，服务员端上了茶水和凉菜，但等候良久仍不见其他的菜上桌，江先生忍不住去催问，服务员告诉他，今天饭店新开张，顾客很多，实在太忙，请他再等一下，马上上菜。江先生一家又等了近半个小时，仍不见上菜，本来是想好好地庆祝一番，但菜却迟迟上不来，江先生非常生气："走，咱们不在这儿吃了！"

江先生带着全家人准备离开，快走出大厅的时候，服务员追出来，说道："先生！您还没有买单呢！"江先生没好气地说："我们根本就没吃上饭，买什么单？"

"先生,实在对不起!今天的确太忙了,把您那一桌给疏忽了,要不然您再稍等一会,我让厨房马上给您做。"

"什么?还等!再等就该吃晚饭了!我们可不想等了!"

"那请您先把账结了吧!"服务员着急地说。

江太太在一旁说:"我们不是不想结账,可你们只给我们上了凉菜,让我们怎么吃呀!"尽管如此,江先生还是和服务员一同回到餐饮店,把账结了,临走时对服务员说:"这样的餐饮店我再也不想来了!"

十六、顾客反映菜单价格不对

客人在结账时,认为结算的价钱有出入的情况也时有发生,具体要针对原因来采取解决方法。

(1)服务员在客人点菜时,对有些菜肴的价格解释得不够清楚。比如,某些海鲜类的价格,大多是时价,或者是每500克的价格,但客人误以为是该菜肴的准确价格了,服务员又没有过多地解释,以至于造成了误会。服务员应该拿来菜单,再次向客人作认真的解释,以求得客人的谅解。

(2)客人在点菜时不看菜单,餐后结账时又认为与自己认为的价格有出入,此时要求看账单核对。

(3)在上菜时,由于工作忙,该上的菜肴漏掉了没上,客人当时没讲,结账时才提出来价格不对。账单的差错完全是值台服务员的责任,值台服务员应该拿回账单,减去没上的菜价,向客人道歉后再结账。改账要由领导签字后,方能生效。

(4)服务员在客人结账前没有认真地核对客人的账单,而收款员在开账单时出现了差错失误,服务员要立即收回账单,重新核对各项内容,确实是收款员弄错了、多收了,要向客人道歉,并讲明出错的原因,求得客人的谅解后再结账。

(5)客人自己的计算出现了失误。尽管是客人自己计算错误所致,服务员也不应该在态度上有任何不耐烦的表示,此时应该耐心地向客人解释,如果有必要,还可以拿来账单和客人一起核对,不要流露出任何的不满情绪。

(6)餐饮店的个别服务员,由于其经营思想不正,有意在客人的账上多加了一些菜品或饮料的费用。对待这种情况的处理,餐饮店应慎重。首先应让值台的服务员向客人道歉,减去多收的款项,还应该恰当地向客人做一些解释工作,也应该让餐饮店的领导出面,对顾客表示歉意,以示对该事件的重视。事后,对待有意多收款的服务员,还要进行严肃处理,区别不同情况,给予适当的惩罚,以起到警示的作用。

上述的几种出现错账的情况,在解决时都要慎重,服务员应当注意一下自己的态度和用词,不要把小事化大,引起冲突。在适当的时候,餐饮店的主管、领导也应出面协调解决问题。

另外需要注意的是，涂改账单必须由领导认可、签字，任何隐匿不报、自行解决的办法，都是错误的。

第四节　沉着应对突发事件

一、烫伤

（1）将被烫的部位用流动的自来水冲洗或是直接浸泡在水中，以便皮肤表面的温度可以迅速降下来。

（2）在被烫伤的部位充分浸湿后，再小心地将烫伤表面的衣物去除，必要时可以利用剪刀剪开，如果衣物已经和皮肤发生沾黏的现象，可以让衣物暂时保留，此外，还必须注意不可将伤部的水泡弄破。

（3）继续将烫伤的部位浸泡在冷水中，以减轻伤者的疼痛感，但不能泡得太久，应及时去医院，以免延误了治疗的时机。

（4）用干净的布类将伤口覆盖起来，切记千万不可自行涂抹任何药品，以免引起伤口感染和影响医疗人员的判断与处理。

（5）尽快送医院治疗。如果伤势过重，最好要送到设有整形外科或烧烫伤病科的医院。

二、烧伤

（1）如果顾客身上着火，应该告知顾客用双手尽量掩盖脸部，并让其立即倒地翻滚让火熄灭，或者立刻拿桌布等大型布料将伤者包住翻滚将火熄灭。

（2）等到火熄灭后，再以烫伤的急救步骤来处理。

三、腐蚀性化学制剂伤害

（1）无论是哪种化学制剂，都应该以大量的清水加以冲洗，而且清洗的时间至少要维持30分钟，才可以冲淡化学制剂的浓度，尤其当眼睛已受到伤害时，更要立即睁开眼睛用大量清水来冲洗。

（2）立刻送医院治疗。

四、电伤

（1）先切断电源或是用绝缘体将电线等物移开，接着应立即检查伤者是否有呼吸和心跳，如果呼吸与心跳停止，应该立即进行人工呼吸救助。

(2) 若是电伤的伤害程度较深,应该直接送往医院急救。

五、客人突然病倒

顾客在餐饮店用餐,任何意外都有可能发生,突然病倒就是其中一项。遇到就餐客人突然病倒时,服务员应按照以下方法去解决。

(1) 保持镇静。对于突然发病的客人,服务员要保持镇静,首先要打电话通知急救部门,再通知餐馆的有关部门,采取一些可能的抢救措施。

(2) 如果客人昏厥或是摔倒,不要随意搬动客人。如果觉得客人躺在那儿不雅观,可以用屏风把病者围起来。服务员还要认真观察病人的病情,帮助客人解开领扣,打开领带,等待急救医生的到来,并按医生的吩咐,做一些力所能及的事情,协助医生的工作。

(3) 对于有些客人在进餐过程中,或是进餐后尚未离开餐馆时,就突然出现肠胃不适等病症的人,服务员也要尽量帮助客人。这种时候,服务员可以帮助客人叫急救车,或是帮助客人去洗手间,或是清扫呕吐物等。与此同时,服务员不要急于清理餐桌,要保留客人食用过的食品,留待检查化验,以便分清责任。

(4) 当客人突然病倒,服务员不要当着客人的面,随便判定、随便下结论,也不要自作主张地给客人使用药物。

六、客人跌倒

客人在餐饮店跌倒,服务员应主动上前扶起,安置客人暂时休息,细心询问客人有无摔伤,严重的马上与医院联系,采取措施,事后检查原因,引以为鉴,并及时汇报,做好登记,以备查询。

七、顾客出言不逊

个别的客人由于各种各样的原因,对服务员出言无礼,甚至出口伤人,这种事情也时有发生。

情况不同,对待和处理的方式也不一样。如果是客人自身的素质低,不懂得在公共场合保持应有的言行举止,服务员可以冷静地对待,一般不要计较,如果实在太过分,服务员可以冷静地指出,让客人收敛其言行,有必要的话,还可以报告上级领导和有关部门,出面协助处理。

如果客人是出于受到怠慢而出言不逊,作为服务员或餐饮店方面,应该立即弥补自己服务上的失误,不要去计较客人在言语上的过激与无礼。

总之,遇到出言不逊的顾客,服务员首先仍应以礼相待,晓之以理,若情况并无好转,也不能以粗对粗,而应及时通知有关部门协助处理,用文明的方式方法解决纠纷。

八、客人丢失财物

为了防止顾客丢失财物现象的发生,当顾客来餐饮店就餐时,服务员就应当热心地、适度地提醒客人,注意他们的财物。

在顾客的整个就餐过程中,服务员应经常提醒顾客注意保管好自己的财物。

顾客丢失了财物,服务员应表现出同情与关心,尽量帮助客人查找,一定要让客人感到服务员是在尽力诚心实意地帮他。

如果顾客在餐饮店里丢失了财物,一时没有找到,服务员应问清客人当时用餐的具体位置、餐桌的台号、物品的件数和特征等情况,并且当着客人的面登记备查,或是通知有关部门帮助协查寻找。经过寻找,一时仍无着落的,可以请客人留下联系地址和电话号码等,以便一有信息可以及时通报。

有的顾客因丢失物品,难免会对餐饮店的环境或是服务员产生怀疑,有时甚至当场说些"过头话",作为服务员应从同情和理解的角度出发,坦诚相待、不急不恼、认真查找,以自己的实际行动来替客人排忧解难,这样,便会化解客人的愤怒,有助于事情的解决。

九、顾客打架闹事

如果打架闹事者根本不听劝告,继续斗殴,比较严重的,餐饮店应马上报告公安局,请警察采取适当措施,以维持餐饮店的秩序。

(1)服务员在劝阻顾客打架闹事时,要注意方法,态度上要尊敬对方,言语上用词恰当,自己不要介入到纠纷中去,不要去评判谁是谁非。

(2)一般来说,打架闹事的人多是出于一时的冲动,逞一时之勇,即使是故意、有目的打架斗殴,只要服务员能及时、恰当地劝阻,一般都会解决。

(3)制止打架斗殴,不但是为餐饮店的安全和名誉着想,也是为打架的双方着想。如果闹事者是冲着捣乱餐饮店而来的,更应该保持冷静,而不要中了圈套。

(4)若是事态严重的,要立即拨打"110",并注意保护现场以便审案时作证。

案例

星期天,小童跟好友打电话,本想约好友去一家之前常去的餐饮店见面的,刚讲出那家餐饮店的名字,就听好友立刻神经质地说:"不要去!那家餐饮店很邪的,以后都不会去的了。"小童心想:奇怪了,原来你一直觉得那家餐饮店很好的呀,又干净、服务员也好、菜也不错,今天怎么就变了呢?于是小童就问她:"原来你不是很喜欢去那里的吗?怎么……"好友压低声音说:"你还不知道吧?

那家餐饮店里刚死过人呀!"

"啊?!"小童的脑子飞快地闪过电影里杀人的镜头:暗杀?黑社会?追捕逃犯?朋友见小童没吭声,接下去说:"一个月前,餐饮店里来了两位中年男顾客,一边喝酒一边谈话,不知怎的,两人就吵起来了,差点还要动手,被餐饮店的保安和楼面经理给拉开了,但谁知其中一人突然面色发青,双手捂胸就倒下去了,开始大家还以为他被对方弄伤,后来发现情形不对,才赶快拨打120,等急救车赶到时,医生说他已经死了,是心脏受了刺激,突发而死的,那个跟他吵架的人也被带走了。人死在餐饮店里,人人都很惊慌,吃饭的人不管吃没吃完都赶紧结账走了,剩下一堆吓得不知所措的服务员。"好友一口气讲到这里,停了停,又接着讲下去:"餐饮店死了人的事马上就被传开了,谁还敢去呀?反正到处都有餐饮店,所以那家餐饮店几天前就关门停业了。"

十、突然停电

开餐期间如遇到突然停电,服务人员要保持镇静,首先要设法稳定住客人的情绪,请客人不必惊慌,然后立即开启应急灯,或者为客人餐桌点燃备用蜡烛,并说服客人不要离开自己座位,继续进餐。

傍晚,某餐饮店正在举办寿宴。天逐渐地暗了下来,寿宴正进行得热烈而隆重。

突然,餐饮店漆黑一片,停电了。短暂的沉寂之后,迎来了此起彼伏的喊声:"服务员,怎么停电了?""服务员,赶紧去看看!""服务员,什么时候来电?"……

领班小张反应迅速,来到库房抓了两包红蜡烛,跑回餐饮店,立刻安排12名服务员站成两排,点燃蜡烛,整齐地排好,同时他手持扩音器,说道:"尊敬的宾客,幸福的寿星!今晚,我们酒楼特别策划送上别致、独到的烛光晚宴,祝寿星及来宾在此吃得开心!"霎时间掌声雷动,整个餐饮店充满了温馨浪漫的气氛,客人们非常高兴,赞不绝口。

服务员逐个把蜡烛放到烛台上,然后送到大厅的各个区域。宴会继续进行,气氛依然热烈。

然后,马上与有关部门取得联系,搞清楚断电的原因。如果是餐饮店供电设备出现了问题,就要立即派人检查、修理,在尽可能短的时间内恢复供电。如果是地区停电,或是其他一时不能解决的问题,应采取相应的对策。对在餐饮店用餐的客人要继续提供服务,向客人表示歉意,并暂不接待新来的客人。

在平时,餐饮店里的备用蜡烛应该放在固定的位置,以便取用方便。如备有应急灯,应该在平时定期检查插头、开关、灯泡是否能正常工作。

第五节　结账优质服务

一、不直接将金额大声说出来

　　将账单用专用夹夹好送到顾客面前时，如果有多位顾客，应轻声问："请问由哪位付账呢？"然后将账单拿到付账人身边展开，用右手食指指着结账单上的金额告诉顾客："多谢惠顾，您只需付这个数目就好了。"并将顾客的优惠卡交还给顾客。不直接将金额大声说出来，是因为有些顾客并不愿意让其他客人知道这顿饭的实际花费，特别是一些拿到结账单后不急于付钱，并将单子收起来的顾客，更是如此，这时服务员不必着急，通常这类顾客会自行到收银台去结账。

案例 1

　　某日，马小姐请几位多年未见的老朋友在某餐馆吃饭。聚餐结束后，马小姐示意服务员结账，随后服务员走到马小姐身旁递上账单并响亮地说："几位一共消费了360元。"

　　如果是在单独或和家人用餐的情况下，马小姐对服务员的这句话是能够接受的，但在老朋友的面前实在感到非常没面子。当时她顾不上那么多，便当着老朋友的面对服务员说："你不要大声嚷嚷好不好！"

　　"我们要求结账时要唱收唱付。"服务员竟理直气壮地回敬了马小姐。马小姐更加生气了，结过账后马小姐找到餐饮店经理说道："这样的餐饮店我再也不想来了。"

案例 2

　　一次，某公司需要宴请几位客商吃饭，秘书王小姐、她的老板及新来的客户经理小影一起，陪同客人到一家豪华的食府就餐。老板是个美食家，也是那家食府的常客，便无须服务员介绍，很快就点好了一桌丰盛的菜点和酒水。

　　席间，服务员态度热情，食府的菜品又好，加上老板的频频劝酒，客人们都非常尽兴，一笔为数不小的生意马上确定下来，并当即决定下午回公司起草合作协议，第二天早上进行签约。

　　"小姐，麻烦帮我们买单吧。"秘书王小姐走出房间，对站在门外的服务员说，并把优惠卡交给服务员。不一会儿，经理就拿着结账单进来了，"各位先生、小姐都吃好了吗？"经理笑着跟大家打招呼。"好，好。"客人高兴地回答。秘书王小姐负责结账，便招手让经理过来。"小姐你好，请付这个数。"经理用手指着账单说道，顺便把优惠卡还给王小姐。王小姐快速地查看了一下账单，大致无误后，按账单上的金额刷卡结账，并提醒经理开发票。

25

这时,客户经理小影突然问王小姐:"这顿饭要多少钱啊?"王小姐一下不知怎么回答才好,看看老板,他的脸色也沉了下来,气氛一下子沉重和尴尬起来。经理一见这样,马上轻松地将问题引开:"各位顾客,我是餐饮店的经理××,这是我的名片,请各位多指教。"一边说一边将名片向各位客人奉上,然后又针对服务和菜品向客人作了一些咨询,直到客人们的气氛又回转过来,她才礼貌地出去。等她把王小姐的卡和发票拿来时,王小姐忙向她表示感谢,她也对王小姐会心地说:"不用客气,这是我应该做的。"

二、客人对账单持异议

经常会遇到客人在结账时认为餐饮店多收账款的情况,而这种事涉及餐饮店的商誉、商德,会带给其他客人不良的影响,所以服务员必须认真对待,弄清事件的真实情况,根据不同的情况采用不同的处理方法。通常有以下5种情况。

1. **客人认为结账的价格不对**

有的客人点菜时不看菜单,结账时认为价格不对,要查看菜单核对价格。此时值台服务员应该拿来菜单请客人核对,并认真、耐心地解答客人的问题,以使客人谅解。

2. **客人计算出现了失误**

此时,餐饮店服务员应迅速地拿来菜单和计算器,与客人一起核对账单,进行复算,并耐心地向客人作解释工作,不允许流露出任何不满的情绪。

如果责任在客人,也说明服务员工作不细、提示不周,没有完全按服务规程操作,要向客人表示歉意,这样处理,一般都能顺利地化解危机,并增进客人对餐饮店的好感。

3. **工作失误造成账单错误**

如在客人结账前没有认真核对账单致使结账错误、结账时使用了其他餐桌的账单、收银员计算错误等,这些情况完全是服务员的责任,应当收回账单,重新核对,使用正确的账单,错账要立即调整,该减的必须减去,并向客人道歉,说明出错的原因,取得客人的谅解后再结账。

4. **在客人点菜时没有把价格解释清楚**

如按重量或按数量计价的使客人误认为是按份计算的、同种菜品有不同菜量而没有向客人说清楚使客人误点等,以致在结账时客人突然发现价格太高,有被欺骗的感觉。这种情况属于服务员不执行服务规范,工作失误造成的,因此要主动承担责任,与客人妥善协商,视情况减收部分账款,以取得客人的谅解。

5. **客人所点的菜没上全**

由于各种原因,客人所点用的菜品没有上全,客人当时并不提出,在结账时声明账单有误,这完全是服务员的责任,应当拿回账单,减去没上的菜的菜价,向客人道歉后再结账。

三、留意跑单情形

餐饮店里跑账的现象也时有发生，这就要求特别留意以下5种情况，以便及时防止跑账、漏账事件的发生。

（1）生客，特别是一个人就餐的客人，比较容易趁工作繁忙时，借口上厕所、餐饮店里手机信号不好、到门口接人等趁机不结账溜掉。

（2）来了一桌人，但越吃人越少，也难免会有先撤走一部分人，剩下一两个人借机脱身的打算。

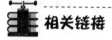 **相关链接**

发现顾客逐个离场怎么办

当你发现顾客在逐个离场时，要引起高度的重视，要做好以下工作。

（1）需要服务其他顾客时，眼睛要不时注意可疑顾客的动态，及时向主管报告，请求主管抽调人手，派专人盯着剩余的人员。

（2）如果这时顾客提出要上洗手间，要派同性的服务员护送、跟踪，如果顾客提出到餐饮店外接电话，则请顾客先结账再出去。

（3）负责服务的人员和负责迎宾的服务员，要注意他们的言行和动作，发现可疑情况立刻报告，并派专人进行服务，直至顾客结账。

（4）不要轻易相信顾客留下的东西，如果有心跑单，会故意将些不值钱的包像宝贝一样地抱住，目的就是吸引服务员的注意，然后将包故意放在显眼的位置，让你以为他还会回来取，从而给他留有足够的离开时间。

（3）对坐在餐饮店门口的顾客要多留个心眼。

（4）对快要用餐完毕的客人要多留心，哪怕是顾客需要结账，也要有所准备。

（5）对于不问价钱，哪样贵点哪样的顾客，一定要引起足够的重视。一般来说，公司即使是宴请重要的客人，也不可能全都点很贵的菜式，只要有一两样高档的、拿得出手的菜也就可以了，而且汤水和其他家常菜、冷盘也会占一定比例，这也是点菜的均衡艺术，更何况公司宴请也会有一定的限额，不可能任意胡吃海喝的。

 案例

某餐饮店来了一群穿着气派的人，其中一人手里紧紧抱着一个手提包，给人一副包里的东西非常贵重、需要小心保管的样子。这些人一坐下，就急着点店里

高档的菜品、酒水，什么贵吃什么，什么好喝什么，豪气得令上至楼面经理，下至一般服务人员，个个以为来了一群身缠万贯的大老板，所以服务极为周到、热情。经理还逐位奉送了自己的名片和贵宾卡，希望这些阔绰的大老板们下次多带点生意过来。

等到酒菜上齐，豪客们也酒足饭饱后，一个眼神，这些人就开始陆续撤退了。有的先行告退，有的上洗手间，有的借口室内信号不好，到外面打电话，有些又需要到外面私下商谈点事情，剩下的那个趁服务员不注意，把那只包留在显眼的位置上，并将烟、打火机也留在桌上，造成上洗手间的假象，也跑了。当服务员进来发现人都不在但那只大包还在时，也相信客人上洗手间去了，因为那么贵重的东西还在嘛。

等到餐饮店都要结束营业了，那些豪客们连影子都没有，服务员才开始着急起来，向楼面经理和主管报告。当大家小心翼翼地打开那只包时，发现原来贵重的包只是用人造革做的，里面塞满了破布和旧报纸。

四、客人没有付账即离开

一旦发生客人没有付账即离开餐饮店这种情况时，服务员要注意处理技巧，既不能使餐饮店蒙受损失，又不能让客人丢面子而得罪了客人，使客人下不了台。

出现客人不结账就离开餐饮店这种情况时，服务员可按下述两条去做。

（1）马上追出去，并小声把情况说明，请客人补付餐费。

（2）如客人与朋友在一起，应请客人站到一边，再将情况说明，这样，可以使客人不至于在朋友面前丢面子而愿意合作。

但是注意在追要餐费的过程中，服务员要注意礼貌，切忌粗声粗气地质问客人，否则可能会使客人反感，而不愿承认事实，给工作带来更大的麻烦。

五、包间客人结账时要谨慎不出错

在为包间客人结账时，包间服务员一定要陪同客人前往收银台或包间服务员代为客人结账，否则很容易出现错误，比如弄错包间号或消费金额，给餐馆带来损失。

 案例

又是一个周末，某餐饮店的包厢座无虚席。到了晚上八九点钟，很多的包厢都用完餐要结账了。这时，七八个客人来到收银处买单（当时没有包厢的服务员陪同在旁边），并说自己是116包厢的客人。收银员收款时也没有做任何核对，就打印出116包厢的点菜单和账单让客人签字，收了款（现金结算），当时这个包厢的费用是2100多元。

过了半个小时左右，另外的一批客人过来结账了，收银员问他们是几号包厢的，客人说是116包厢，陪在一边的服务员也证实这批客人是116包厢的，通过核对账单及订餐人的姓名、电话，同样证明现在的这批客人才是在116包厢用餐的，结完账（同样也是现金结算）后就让客人走了。

之后通过检查，第一次来结116包厢账的那批客人实际上是在118包厢用餐的，该包厢的实际费用是2400多元，由于疏忽餐饮店少收了300多元的餐费，餐饮经理得知此事后做出了这样的处理：在追不回这300多元的情况下由包间的服务员及收银员共同赔付。

第二章

餐饮早会管理

第一节　早会准备

第二节　早会主持

第三节　会后评估跟进

第一节　早会准备

在开早会前,一定要做好各项准备工作,如明确早会的主题、明确需要讲的主要事项,同时,要查阅相关的报表,以便及时发现问题,进行处理。

一、早会主题确定

早会要注意主题鲜明、重点明确。如何让员工对早会不厌烦,这就需要早会的主题常换常新。餐饮店经营者可以每周确定一个主题,然后主题以不同的形式表现出来,从一定程度上可以加深员工对这个主题的理解。

案例

达林新开了一家西餐厅,她每天都会召开早会。针对近期顾客对服务态度的投诉,达林决定本周的早会主题就定为"怎样更好地为顾客服务"。

晓月是店里服务态度最好的员工,因此也特别受顾客欢迎。周一时,达林让晓月与大家分享经验,通过一个实例为大家讲述为顾客服务;周二时,达林让一位员工扮演顾客,另一位员工负责接待,然后大家对其进行点评;周三时,大家一起讨论现在的菜单推销方式是否合适,有什么需要改进的地方;周四时,达林对前三天的早会进行了一个总结;周五就请一位员工讲述自己对"为顾客服务"的认识,看看是否有一定的提高;周六在早会中,达林就具体在服务中的一些细节进行讲解,并要求员工在工作中予以运用,以迎接每周的销售小高峰。

通过一周的"服务"主题早会,达林发现员工在工作中的服务意识的确有所提高,店里的业绩也同步的得到上升,因此,达林决定对于以后的早会要更加重视,争取带领全体员工创造一个新的业绩。

二、早会内容需明确

不同的餐饮店,早会的内容不一样,一般的早会主要包括以下7个方面。

(一)确认出勤

通过早会可以确认出勤状况,哪些员工到了、哪些员工没有到,一目了然。确认出勤的方式是点名,值日员工(主持人)点一个人的名字,员工大声回答"到",点名便于确认人员到会情况和出勤情况。

> **特别提示**
>
> 可以设定一个早会主持人名单，由员工轮流主持，这样可以提高员工对早会的参与度，对早会会更加重视。

（二）齐呼口号

可以根据需要，由值日员工领呼口号，因为口号可以振奋精神、提升士气。

（三）分享个人感想

由值日员工与大家分享个人的工作经验、心得体会、自我反省、工作建议等。要求值日员工的讲话内容必须主题明确、表达完整，时间至少要2～3分钟。让员工轮流主持早会，给予员工总结经验、表达意见和建议的机会，这是民主管理的有效途径，有利于提高员工的工作意识、集体观念和凝聚力。

（四）工作总结

由早会主持者请出负责人讲话，对头一天的工作进行总结。总结前一天的工作，可以从以下几方面进行：有没有未完成的任务、有没有未达到的目标、有没有异常情况、有哪些变化点，以及上述情形带来的反省和要求等。

（五）制定目标

作为餐饮店经营者，需要分解年度目标到月目标，再到周目标，最后是分解到每天的目标，如果将每天的目标完成，连起来就是一个良好、复杂的营销系统，就可以化整为零地完成年度指标。

每天的目标又可以具体地落实到每位员工，比如某某今天的目标是个人销售额达到300元，对于超额完成的员工，可以在早会中予以表扬并总结经验。

（六）服务跟进

早会需要强调服务的跟进，因为如果顾客得不到他所期望的或更好的服务，就可能不会再次光临。另外，顾客会相互交流信息，据调查，餐饮店吸引一个新顾客所要花费的费用是保持一个老顾客的6倍，服务不好不仅仅是影响当前的效益，更重要的是会影响到将来的销售。

（七）交代特别事项

早会结束之前，不要忘记问一句："请问大家还有没有其他事项？"如果有，就请提议的员工补充说明一下，这样，可以避免该通知的没通知、该提醒的没提醒的情况发生,如果没有,即可宣布结束早会。

三、合理利用资料

餐饮店经营者在向员工分析销售情况时,就需要借助相关表格。一般餐饮店早会经常用到的主要是日经营台账表(见表2-1)、周报表、月报表等。

表2-1　餐饮店日经营台账表

年　月　日　　　　　　　　　　　　　　　　　　　　　单位:人民币元

项　目	当日发生金额		当月累计金额		当年累计金额	
	本期	去年同期	本期	去年同期	本期	去年同期
一、营业收入合计						
食品收入						
酒水收入						
二、营业收入形式						
1.现钞收入						
2.支票收入						
3.信用卡收入						
4.应收账款						
三、现金支付营业费用						
四、餐厅座位数合计						
用餐人数合计						
其中:早、中、晚餐人数						
五、原材料领用						
1.原材料耗用						
2.酒水领入						
3.酒水耗用						
4.物料用品领入						
5.低值易耗品领入						
6.固定资产领入						
7.在用物品报损额						
六、员工人数合计						

第二节 早会主持

开早会,是为了对工作进行总结,同时开启新一天的工作、鼓舞大家士气,要想达到这个效果,必须让早会能吸引员工,得到员工的支持。

一、严格控制时间

早会的时间一般要控制在20分钟之内,在这期间有固定的项目要做,每个项目的时间通常有规定,往往长篇大论讲到最后员工都觉得乏味。

通常在早会流程中,留给餐饮店经营者做工作总结和安排的时间只有5~10分钟,这就要求严格控制好时间。要想控制好早会的时间,要做到以下3点。

(一)把握好早会的主题

早会一定要有主题,千万不要漫无目的地聊天,而且聊的都是与工作无关、与主题无关的事情,这样不但浪费了宝贵的时间,还会使人心涣散。作为餐饮店经营者,一定要清楚这次早会的主题是什么,在早会的过程中如果有人试图将话题引向其他方面,餐饮店经营者应立即阻止。

(二)为早会规定节奏

对于早会的程序、早会的项目,要使之成为标准,并要让所有员工都清楚。比如说,餐饮店经营者汇报、安排工作5分钟,优秀员工分享2分钟,新员工自我介绍1分钟。在开会过程中可以这么说:"下面请罗杰分享他的经验,时间定在两分钟。"或"下面请我们新来的员工做1分钟的自我介绍。"

在计划早会的时候,要把各个项目的时间考虑进去,比如说今天你打算做一个培训团队精神的游戏,时间3分钟,你就要在选游戏的时候考虑该游戏花多少时间,花时间太长的就不能选用,同样,如果你要在早会中讲一个有关员工忠诚的故事,则要事先将这个故事精简,不要10分钟还讲不完。

(三)合理、灵活地调整早会节奏

不管计划做得多好,还是有可能要对会议进行随机的调整,这样的情况有如下2种。

1. 某个项目(议题)提前完成

某个项目提前完成,则应立即结束已经达到目的的早会项目,比如说,团队游戏提前1分钟做完了,就结束游戏,并不一定要拖延到3分钟才结束。

2. 某个项目(议题)的内容很有价值需深入讨论

当某个项目的内容出现有价值的东西时,也可以对原有计划做适当的"有计划的拖延"，以使早会取得更好的效果。

二、保持互动、达到效果

（一）早会站的样式

很多店铺早会，只是单纯地由餐饮店经营者讲话，员工站在前面被动地听，这样的早会效果绝对不会好。早会通常采用站两排或三排的方式，餐饮店经营者与员工面对面，其实这种形式不太好，容易给人形成对立的感觉。

开早会的时候最好是站一个圆圈。圆圈会议是最好的，因为每个都离得非常近，当站成一个圆圈时，会有明显的互动气氛，这样，效果肯定会好很多。

（二）鼓励员工参与

开早会一定要鼓励员工参与，让员工做主角，而不是餐饮店经营者一言堂。让员工参与的方式有很多，如让员工轮流来主持早会、隆重邀请新员工做自我介绍，这样，员工会有投入感与参与感，能够让所有员工都参与进来。

（三）让员工积极发言

可以提出一些问题来，让员工踊跃发言。由于员工积极地发言，问题解决方案就出来了，同时，员工一定觉得这个早会好，因为每个人都是主角。

（四）复述方法

比如说，在讲完某个事情之后，为了形成良好的互动气氛，请其中一个员工来复述一下，这样就可以检验一下大家是否了解了。当员工遇到一些问题时，可以是餐饮店经营者来回答，也可以是其他的员工来回答。

（五）促进员工之间分享

早会可以多促进员工之间的分享，员工之间的分享是一个提升荣誉感的很好机会，做得好（产量高、质量高）的员工会觉得这是个荣誉，做得不太好的员工看到以后会有一个激励，还有就是进行实操演练。

三、表达要准确

讲话的人充满激情，才能激发员工的工作激情；讲话的人有气无力，听众也必定提不起精神。表达清晰在早会中非常重要，只有表达清楚了，员工才明白他们要做什么、做多少、怎么做，才会去准确地执行。

但很多人习惯于长篇大论地谈很久,结果听的人听得不耐烦,就干脆不听。

(一)要突出中心、紧扣主题

每次早会,都要提前定好主题,主题是早会的目的、灵魂,整个早会都要围绕这个主题来开。

为使早会不会跑题,自己要对主题胸有成竹,思路要清晰,如果对主题都不是很清楚,说的时候东扯一句、西扯一句的,你就很难让员工明白你究竟要讲些什么。

(二)尽可能让员工理解

(1)为了确保员工能正确地理解你说的话,可以就一些细节上提问。
(2)请别人代为解释:"小王,你可不可以就销售日报的填写补充一下?"
(3)概括或重复别的员工的话,使内容更加明确。
(4)澄清内容,使其他员工理解无误。

在早会时要尽可能使用口语表达,尽量使用通俗的词句,要注意使用简单明了的短句,不要使用太长的句子,不要使句子有许多修饰语、华丽的辞藻,更加不要让句子的结构复杂,因为,那样的句子很容易让人误解。

四、游戏活跃气氛

早会中小小的游戏,可以给员工全新思路,在活跃的气氛中讨论提高服务技能,包括怎样为顾客推荐菜品、怎样接待顾客将顾客的抱怨降至最低等。

五、小故事讲述大道理

在早会中采用动人的小故事来说明道理比枯燥的说教效果要好得多。比如,机会是很重要的,餐饮店经营者希望员工能够抓住每个能够提升自己的机会,如果只是千篇一律地说"机会是可遇不可求的,需要随时做好准备,当机会到来时,应该如何抓住并利用呢……"诸如此类的道理人人都懂,员工是没有兴趣听长篇大论的。

但是,如果运用一个小故事来讲这个道理,相信员工更容易接受并且印象会更加深刻。当然,餐饮店经营者需要在平时有意识地准备,多收集一些有关资料,在早会前做好准备,可以做到游刃有余、信手拈来。

六、音乐保持活力

在选择早会音乐时,一定要选择欢快、积极向上、有鼓舞激励作用的,然后隔一段时间更换新的音乐。

当然，如果想要选择好的音乐，餐饮店经营者首先要提高自己的鉴赏能力，同时把握音乐的主题，多分析音乐的特点，以便选择适合的音乐与早会主题相符。

第三节　会后评估跟进

早会，不能说是开完了就完事儿，更重要的是对早会的评估跟进，分析早会是否达到预期效果，如果对于早会中的事项不予以落实，那早会岂不是白开了。

一、你的早会开好了吗——自我评估

作为餐饮店经营者，在早会中占有一席重要之地，你可能作为主持人来主持整个早会过程，即使不作主持人，你也要做工作汇报和工作安排，所以，对自己在早会中的情况要经常做自我评估，以便改进，才能带领整个店铺的早会开成功。自我评估表见表2-2。

表2-2　餐饮店经营者早会自我评估表

序号	具体表现	是否存在以下问题	改进措施
1	员工曾误会我的意思	有□　无□	
2	在进行工作安排时我经常离开话题本意跳到别的话题	有□　无□	
3	说话时我很紧张	有□　无□	
4	在会上，总是只有我一个人说话，没有成员参与	有□　无□	
5	讲话结束时，我会问员工是否明白我的意思	有□　无□	
6	我分派工作后他们从不提问	有□　无□	
7	我总是把一件事的前因后果澄清给别人	有□　无□	
8	如果我表达的意思很复杂，令人难以明白，我会事先考虑如何表达清楚	有□　无□	
9	我总是会问：大家还有什么问题吗？	有□　无□	

二、主持人是否充分发挥

早会主持人应由员工轮流来担当。主持人在早会中要带领整个会议的进行，所以重要性不言而喻，但并不是每一个员工都会当主持人，餐饮店经营者有责任培训、引导他们。如何引导呢？当然是发现他们的弱点，有针对性地进行。比如说，发现今日当值的员工在向大家问好时声音很小（主持人的声音小，整个团队回应的声音也会小），可以针对这一点与他沟通，并告诉他问好的声音要有多大，甚至直接演示，让他照着练几次，那他下次再主持的时候就不会再出现这个问题了。

对于早会主持人的评估，也可以列出一个评估表（见表2-3），并将你自己决定如何帮助他改进的想法记录下来。

表2-3 早会主持人的评估清单

序号	评估项目	评估标准	评估结果
1	精神状态	□精神抖擞 □状态一般 □疲劳，好像没睡醒	
2	问好的声音	□大声，有感染力 □声音大，缺乏激情 □声音小，不够胆气	
3	说话时紧张不紧张	□不紧张，泰然自若 □有点紧张 □很紧张	
4	主持语言的串接	□符合逻辑，很顺畅 □连接平稳 □不太顺畅	
5	与员工互动	□很好 □一般 □还不太会	
6	准备充分与否	□准备非常充分 □没有做准备	
……			
总体评价			
需改进的地方			
我打算怎样帮助他改进			

三、员工参与度评估

员工参与程度的高低，直接影响早会的效果。员工的参与程度，可以在早会上通过观察他们的表情、体态语言，或者问他们问题时他们的应对情况，就可以有一定的了解。

在对员工参与度进行评估时，餐饮店经营者可以设定一些项目来进行，见表2-4。

四、工作落实——早会最终目标

早会结束了，一天的工作开始了。早会的效果如何，真正地体现在当日的工作进行中，工作若按预定计划圆满达成，可以说早会开得不错，然而，能否圆满完成计划，还有赖于餐饮店经营者在会后的跟踪和反馈。

在早会中往往会有一些有价值的信息或者是一些事先没有想到的事务在员工的讨论中反映出来，作为餐饮店经营者，不仅要在早会中善于捕捉到这些，更要在会后将这些问题整理出来，并制定一个方案来进行解决（见表2-5），分工到人、明确职责，并定期检查、跟踪、反馈。

表2-4 早会员工参与度评估表

序号	评估项目	评估标准	评估结果
1	问好时的回应声	□大声、整齐、有力量 □有声音但不大，不够整齐 □有气无力、应付了事	
2	精神状态	□精神抖擞 □状态一般 □疲劳，好像没睡醒	
3	听工作汇报、工作安排时的状态	□神情专注、认真思考 □比较专注，但不思考 □交头接耳、不在状态	
4	发言频率	□频繁 □刚好 □太少	
5	发言长度	□太短 □刚好 □太长	
6	发言对早会的影响	□有积极影响 □没有影响 □有负面影响	
7	与会态度（是否鼓励与支持他人意见）	□正面、积极地回应 □回应态度恰当 □不回应	
8	互动游戏的参与情况	□积极、热情、情绪高涨 □不冷不热 □不参与，站在一旁冷观	
9	小故事的讨论参与情况	□积极讨论、发言 □点名要求发言时，会说一两句 □一言不发	
10			
11			
12			
总体结果			
改进事项			

表2-5 早会中反映的问题解决方案

序号	问题	解决方案		
		时间	要求	责任人

第三章

餐饮全程营销管理

第一节　餐饮常见广告营销方式

第二节　餐饮网络营销常见方式

第三节　餐饮常见假日营销

第一节　餐饮常见广告营销方式

一、电视广告营销

在了解电视广告营销之前，首先需要了解电视广告相关基础知识，以此才能确定餐饮企业是否适合利用这一媒体进行广告营销。

（一）电视广告特点

（1）传播速度快、覆盖面广，表现手段丰富多彩，可声像、文字、色彩、动感并用，可谓感染力很强的一种广告形式。

（2）成本昂贵，制作起来费工费时，同时还受时段、播放频道、储存等因素的限制和影响，信息只能被动地单向沟通。一般晚上七点半至十点半，被认为是广告的最佳时间，但是费用也相当高。

> **特别提示**
>
> 电视广告适合做宣传餐饮企业形象广告、特别活动广告等。针对外宾、常驻机构的电视广告最好安排在新闻，特别是外文新闻的前后效果更好。

相信大家看到最多的餐饮电视广告，可能还是肯德基、麦当劳、必胜客等洋品牌，真正国内餐饮品牌采用电视广告的是相当的少，很大原因是基于其高昂的广告费，其次这些洋品牌是全国连锁，所以其广告收益也是相当地可观。

（二）注重电视广告创意

如今，各种电视广告可以说是让顾客目不暇接，因此只有富有创意的广告，才能吸引顾客。那么，餐饮企业的电视广告该如何提高自己的创意水平呢？要从电视广告的社会大环境讲起，站在消费者的角度去审视电视广告创意。

1. 考虑社会大环境、融合文化传统

餐饮企业电视广告作为社会文化体系的一部分，就必须融合社会的特点，考虑公众的普遍心理，尊重多种文化习俗。不同的国家传统文化与民族尊严应该得到尊重，任何广告文化都受其民族传统文化、习俗与民族心理的影响。

餐饮企业电视广告创意首先是必须考虑经济性原则，在最短的时间讲最有效的事儿，精炼的创意让目标消费者在最有限的广告时间获取到最深刻的印象。

2. 创意切合品牌、产品特征

一份好的电视广告创意必须有一个创意良好、系统运行完善的广告策划案作

为支持。电视广告作为广告产品宣传的一种方式,其目标是达到产品的销售和公司的整体营销。

产品必须有一个独特的销售主张,有一个明确的定位,才能在消费者心智中占有一个独特的位置,才能促使消费者保留对产品的印象,加深对产品的认知,引发购买的欲望。

> **特别提示**
>
> 我国电视广告普遍存在创意水平不高的现状,随处可见"牛皮癣"式的广告,不仅不能达到营销目的,反而是极大降低公司和产品的形象,得不偿失!

3. 优化和加强感官印象

电视广告创意作品必须追求视觉形象的大众要求,在色彩、构图、音乐等方面符合受众的审美需求。如年轻人的产品追求活力和个性,在色彩方面要求亮丽点,创意的情感诉求也是很重要的一方面。

4. 善加利用代言

电视广告名人代言是常见的,但是也应该慎重选择代言的明星,尽量选取与品牌产品关联度高的。

有个性的广告也可以像有个性的人一样赢得人心。很多知名的品牌,中心人物代言也是很有效的一种广告方式,像"麦当劳叔叔、肯德基上校"等,均塑造了属于品牌或产品的中心人物,拉近了和消费者之间的距离,尤其适合担当服务大使的角色。

二、电台广告营销

(一)认识电台广告

电台广告是一种线形传播,听众无法回头思考、查询,只要善于运用口语或者生动具体的广告词语来进行表述,不要过于繁琐,尽量少用重句,能够使听众一听就明白,一听就懂,产生绝佳的广告效果。

一般电台广告适合于本地或者周边地区的消费群体。电台广告特点主要包括以下4点。

(1)成本较低、效率较高、大众性强。一般可以通过热线点播、邀请嘉宾对话、点歌台等形式,来刺激听众参与,从而增强广告效果。

(2)存在着不少缺陷。如传播手段受技术的限制;不具备资料性、可视性;表现手法单一;被动接受性等。

（3）各地地方性电台广播节目琳琅满目，选择适合日常生活产品消费群体所收听的节目更加重要，如果消费者多为上班族、学生和小孩等人群，则首选生活频道。

（4）对于一些娱乐性极强、受众率极高的节目也是不可忽视的，需要根据当地实际情况作详细的市场调查，寻找适合自身产品消费者广泛收听的节目。

当选择采用电台广播之后，要确定宣传内容为开业时间、开业促销方案等。

 案例

好消息！本地最有特色的饮食店——全国著名餐饮连锁企业"××××"将在××月××日隆重开业，"欢乐美味尽在××××"，开业期××优惠大酬宾，欢迎惠顾！地址：××路××商厦旁，电话：××××××××。

> **特别提示**
>
> 作为广告宣传类广播，时间较为短暂，一般多在30～60秒之间，故费用较低，所以在次数上可以安排每天2次，连续播放3～5天。

（二）电台广告优势

电台广告，广告量虽然在总体广告中所占比例不大，但由于电台媒体所具有的一些其他媒体不可比拟的特点，如"边工作边收听"、"随时随地收听"等，使电台广告成为主流媒体广告的重要补充。

> **特别提示**
>
> 不要认为电台、收音机早就没有多少人收听，特别是在大城市，网络发达的地方更被错误地认为是要被淘汰的宣传方式。

实际上包括可口可乐在内的很多世界500强公司都有专门的电台媒体策划部门，为什么电台广播的效果越来越好了，原因如下。

（1）有车一族人群越来越多，电台是开车出行中的唯一有效媒体。

 案例

俏江南与北京音乐台合作的《974爱车音乐时间》节目，俏江南为其冠名特约播出。作为该节目的听众都是爱车一族，有一致的行为特点，也都具有相应的消费实力。在节目之外，俏江南还为听众提供很多与汽车相关的服务，如赠送爱车内容的杂志，以及修车保养方面的信息，甚至为其提供观看F1汽车拉力赛的门票等。

（2）一般手机，都自带收音机功能，而且收听全免费，电台宣传无疑是非常有效的媒体。

（3）谈话类节目的互动，还是电台媒体参与率比较高，通过专家嘉宾感性的描述、理性的分析，很容易使收听众产生信任感。

（4）电台广告费相对于电视媒体、户外、车身、网络等媒体来说，一般价格都较低。

（三）针对目标人群

电台媒体主要针对的目标人群，具体见表3-1。

表3-1　电台媒体主要针对的目标人群

序号	类别	特点	备注
1	大学生群体	有的是用手机在业余时间收听收音机，有的是边上网边听广播，加上他们对谈话类、参与类节目比较感兴趣，是一个很好的电台宣传目标人群	
2	有车一族	私家车进入家庭的速度越来越快，也使电台广告受众越来越多	
3	保安及值勤类人员	工作性质较单调，又不得不坚守岗位，不能看电视及上网等，通过手机或者收音机收听电台成了工作中的一种习惯	
4	老年人	电台时间定在凌晨，也就是大部分老年人出来晨练之时，针对性很强	

不同的节目拥有不同的听众，穿插其间的餐饮广告就能吸引不同类型的就餐者。

（1）如针对年轻人和现代企管人员、专业人员的广告可穿插在轻音乐等节目中。

（2）不同时间其广告吸引的对象也不同，一般说白天上班时间只能吸引老年人和家庭主妇。

（3）电台常常用主持人与来访者对答形式做广告，会比较亲切。

（四）怎样做电台广告

现在，许多电台都设有与餐饮行业相关栏目，如美食推荐之类的，有专门的记者负责餐饮美食类活动策划等。电台广告一般都由专门广告制作公司制作，餐饮企业可以选择资质较好的公司进行合作。在这里，简单介绍电台广告制作方法。

1. 广告词

电台广告主要通过声音来传递信息，词句发音容易辨听，要让听众清楚、明白、易于理解和记忆，通过收听广告，使得消费者对产品的品牌、价格有一个详细的了解，所以，在创作餐饮电台广告时要注意如下事项，见表3-2。

表3-2 餐饮电台广告注意事项

序号	事 项	说 明	备 注
1	简明易懂	尽量简短,多用短句,少用修饰语,注意口语化、地方化,最好能在广告一开始就切入产品的主题	
2	播音速度适中	注意语速的节奏,节奏太慢会显得拖沓沉闷,而节奏太快,又会让听众难以听清楚,或者听起来感到疲劳,所以语速一定要适中,不能太快,但是也不能太慢	
3	重复朗读	广播广告中的某些词句,反复朗诵主要有两种作用,一是鼓动作用,二是加强记忆,特别是品牌,只有反复进行诉求,才会使听众增强记忆	
4	增强吸引力	电台广告的开头一定要有特色,必须一下子就能抓住听众的注意力	

2. 背景音乐协调

在电台广告中,背景音乐主要有三个作用:一是引起听众兴趣,避免广告平淡单调;二是创造广告气氛与情调,加深听众对产品的印象;三是突出广告主题,增强广告感染力。

> **特别提示**
>
> 在广告中配音乐,注意与广告主题的协调配合,音乐选择得当,可以使广告主题得到更好的表现,相反会削弱广告整体效果,其次音量要适中,不要使背景音乐的音量盖过广告词。

3. 广告演员选择

在电台广告的制作中,演员的选择同样是很重要的一个环节,像一般的陈述式、对话式广告往往都选择播音员来播读,但是由于听众对播音员的声音比较熟悉,播音缺乏变化,很难使听众产生新鲜感,尤其有些情节性的广告需要各种不同角色的演员来扮演,如父亲、母亲、孩子等角色,因此配音演员可从话剧演员、电影演员、配音演员中选择,以进一步增强电台广告的吸引性和有效率。

三、网络广告营销

(一)什么是网络广告

在网站上能看到的那些图标、标志或不停跳动、色彩鲜明的动画,都是网络广告。广义的网络广告是指餐饮企业在互联网上发布的一切信息,包括公益性信息、商品信息以及自身的互联网域名、网站、网页。

狭义的网络广告是指可确认的广告,主要通过付费在互联网上发布的、异步传播的具有声音、文字、图像和动画等多媒体元素,可供上网者观看(收听),并能进行交互式操作的商业传播形式。

很多消费者尤其是异地消费者已经有习惯通过一些地方性餐饮网站来查询当地的美食，而且在一些地方性的论坛里，有很多消费者在里面互相讨论、切磋曾经消费过的地方。

"成都美食全接触"、"成都街头满汉全席"直接为商家带来了排队的消费，在网民中口碑很好的"乔一乔兔头"也是这样炒火起来的。

网络广告传播有成本低、信息量大、不受时空局限等优势，而且据调查了解，80%以上的中小投资者已经习惯了通过互联网搜索他们想加盟的品牌。

（二）网络广告的优势

与传统的三大媒体（报刊、广播、电视）广告及近年来兴起的户外广告相比，网络广告具有得天独厚的优势。互联网广告的独特优势，具体如图3-1所示。

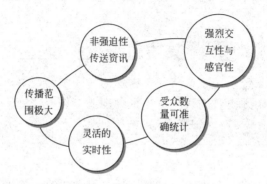

图3-1　网络广告的优势

1. 传播范围极大

网络广告的传播范围广泛，可以通过国际互联网络把广告信息全天候（无论刮风下雨都不影响效果）、24小时不间断地传播到世界各地。网民具有较高的消费能力，是网络广告的受众，可以在世界上任何地方的Internet上随时随意浏览广告信息，这是传统媒体无法达到的。

2. 非强迫性传送资讯

众所周知，报纸广告、杂志广告、电视广告、广播广告、户外广告等都具有强迫性，都是要千方百计吸引你的视觉和听觉，强行灌输到你的脑中。网络广告则属于按需广告，具有报纸分类广告的性质却不需要彻底浏览，可以自由查询，将要找的资讯集中呈现，节省时间，避免无效的、被动的注意力集中。

3. 受众数量可准确统计

在Internet上可通过权威公正的访客流量统计系统精确统计出每个客户的广告被多少个用户看过，以及这些用户查阅的时间分布和地域分布，从而有助于正确评估广告效果，审定广告投放策略。

4. 灵活的实时性

在传统媒体上做广告发布后很难更改，即使可改动往往也需要付出很大的经济代价。在Internet上做广告能按照需要及时变更广告内容，当然包括改正错误，这样，经营决策的变化也能及时实施和推广。

5. 强烈交互性与感官性

网络广告的载体基本上是多媒体、超文本格式文件，只要受众对某样产品感兴趣，仅需轻按鼠标就能进一步了解更多、更为详细、生动的信息，从而使消费者能亲身"体验"产品、服务与品牌。如能将虚拟现实等新技术应用到网络广告，让顾客如身临其境般感受商品或服务，并能在网上预订、交易与结算，将大大增强网络广告的实效。

（三）常见的网络广告形式

1. 硬性网络广告形式

常见硬性网络广告形式，具体见表3-3。

表3-3 常见硬性网络广告形式

序号	广告形式	说明	备注
1	旗帜广告（Banner）	一个表现商家广告内容的图片，置在广告商的页面上，是互联网广告中最基本的广告形式，一般是使用Flash文件或GIF格式的图像文件，既可以使用静态图形，也可用多帧图像拼接为动画图像	位于页面的最上方，具有较强的视觉冲击力
2	按钮广告（Button）	按钮广告其实是从Banner广告演变过来的一种广告形式，图形尺寸比Banner要小	由于图形尺寸小，故可以被更灵活地放置在网页的任何位置
3	通栏广告	通常出现在首页以及各频道页的中间显著位置，占据整个页面宽度的图片广告，具有极强的视觉效果，能吸引浏览者的注意力	
4	弹出窗口广告	访客在登录网页时强制插入一个广告页面或弹出广告窗口	弹出窗口可以是图片，也可以是图文介绍
5	浮动标志广告	会飞的Button广告，可以根据广告主的要求并结合网页本身特点设计"飞行"轨迹，增强广告的曝光率	表现形式可分为沿轨迹飘动与悬停两种形式
6	文字链接广告	以文本形式放置在网页显眼的地方，长度通常为10～20个中文字，内容多为一些吸引人的标题，然后链接到指定页面	一种对浏览者干扰最少，但却较为有效果的网络广告形式
7	擎天柱广告	擎天柱广告形状为长方形，出现在首页以及各个频道的右侧，位于页面右首的垂直图片广告，符合用户的阅读习惯，给用户带来愉悦的感觉	较为醒目，能够承载比按钮广告更多创意表现
8	流媒体广告	在频道首页下载后出现数秒的大尺寸图片广告，第一时间吸引用户的注意力	
9	电子邮件广告	电子邮件广告具有针对性强（除非你肆意滥发）、费用低廉的特点，且广告内容不受限制	可以针对具体某一个人发送特定的广告，其他方式无法达到

2. 软性网络广告形式

（1）专题报道。针对餐饮企业、企业实体进行文字、图片综合性的网络宣传报道，或以其组织的重大事件作为切入点进行报道，以单独成套的页面形式出现，表现形式多样，信息丰富，同时可不断更新信息，能实现简单网站的功能。

（2）网络直播。在现场随着事件的发生、发展进程，同步制作和发布信息，具有双向流通过程的信息网络发布方式，其形式也可分为现场直播、演播室访谈式直播、文字图片直播、视音频直播或由电视（第三方）提供信息源的直播，而且具备海量存储、查寻便捷的特点。

（3）软性文字广告。企业或行业的软性宣传文章，一般以新闻的形式出现，可信度最高，投入最小，但对文章的时效性、真实性等要求标准相对高，企业自由发挥的空间也相对小。

（4）问卷广告。问卷广告又可分为以下3种。

① 投票类，一题，可以单选或复选，选项一般不超过4个。

② 冠名调查，用企业或产品名称冠名调查问卷。

③ 调查选项中包括企业广告产品或者针对企业产品进行用户购买行为调查。

（四）如何进行网络广告营销

（1）有一个属于自己企业的专有网站，提供企业简介、企业文化、店面VI的展示、加盟条件、加盟费用、联系方式等信息。

（2）在广告的投放上选择餐饮的专业网站，尤其是符合企业自身定位的餐饮网站，比如说你是做湘菜的企业，就肯定不能找一个做西餐的网站去投放广告，这样就会非常准确地直接命中你的目标客户。

（3）考虑免费加入如Baidu，Google等中文搜索引擎，让投资者通过搜索引擎也能找到信息。

连锁比较成功的餐饮企业都采用网络营销这一模式，如卞氏菜根香、巴国布衣、谭鱼头、廖记棒棒鸡等。网络营销具体内容，详见本书餐饮品牌网络营销一节。

四、报纸广告营销

（一）什么是报纸广告

报纸广告以文字和图画为主要视觉刺激，不像其他广告媒介，如电视广告等受到时间的限制，报纸可以反复阅读，便于保存。鉴于报纸纸质及印制工艺上的原因，报纸广告中的商品外观形象和款式、色彩不能理想地反映出来。

餐饮企业可以在报纸上购买一定大小的版面，大张旗鼓地宣传自己，并在广告上写有订餐电话、餐厅地址。

（二）报纸广告形式

常见报纸广告形式，具体见表3-4。

表3-4 报纸广告形式

序号	形式	特点	备注
1	报花广告	广告版面很小，形式特殊，突出品牌或企业名称、电话、地址及企业赞助之类内容	采用一种陈述性表述
2	报眼广告	报眼，即横排版报纸报头一侧的版面，版面面积不大，但位置十分显著、重要，引人注目	比其他版面广告注意值要高
3	半通栏广告	广告版面较小，而且众多广告排列在一起，互相干扰，广告效果容易互相削弱	注意广告超凡脱俗、新颖独特
4	单通栏广告	最常见的一种版面，符合人们的正常视觉	版面自身有一定的说服力
5	双通栏广告	在版面面积上，它是单通栏广告的2倍，凡适于报纸广告的结构类型、表现形式和语言风格都可以在这里运用	
6	半版广告	半版与整版和跨版广告，均被称之为大版面广告	
7	整版广告	单版广告中最大的版面，给人以视野开阔、气势恢宏的感觉	
8	跨版广告	刊登在两个或两个以上的报纸版面上，一般有整版跨版、半版跨版、$\frac{1}{4}$版跨版等几种形式	

（三）报纸广告特点

（1）报纸具有资料性，便于保存、剪贴、编辑。

（2）报纸信息传播有较充分的时间处理新闻，较深入、细致地报道，给读者留下较深刻的印象，且信息诉诸文字表达较为精确，报纸广告成本也较低。

（3）报纸广告形象性较差，传播速度慢于电视、电台，范围也小于电视、电台，且受文化程度限制。

（四）适用情况

一般选用报纸广告，主要适合做食品节、特别活动、小包价等餐饮广告，也可以登载一些优惠券，让读者剪下来凭券享受餐饮优惠服务，但是要注意登载的频率、版面、广告词和大小、色彩等。

成都石磨豆花庄从1992年1月开业以来，生意长盛不衰，已经成为大家心中的品牌。为了向广大食客提供更好的就餐环境、更好菜品和服务，经过两个月重新精心装修、培训及菜品调整，将于四月八日以靓丽的形象开门迎宾。重新开业以后价位不变，为了回报广大食客长期的厚爱和支持，开业一周内客人凭广告，享受八折优惠。

开业的时候70%客人，都拿着广告来吃饭。本来石磨豆花庄的价位就比较低，再打八折当然就更实惠了，于是生意火爆得不得了，一些客人还拿着广告幽默地说，我们是来拜堂的！豆花七八百平方米的经营面积，虽然说过去生意较好，但一个月也就是卖30多万元，而重新开业以后，第一个月营业额高达70多万元。

综合评估当地一些知名度和送达率高的报纸，特别是一部分日报、晚报、生活报类报纸，这部分报纸在当地多具有代表性，是城市居民每日必读的媒体，发行量大、覆盖面广。一个经济较发达的城市这部分报纸种类较多，一般选择大部分企事业单位、家庭、消费场所都有订阅的报纸，或者通过报亭、书店了解普通读者都会长期消费的报纸。

现在许多城市晚报、商报等都市生活类报纸都设有美食版，餐饮企业可以选择合适的版面刊登广告。

五、杂志广告营销

（一）杂志广告

杂志可分为专业性杂志、行业性杂志、消费者杂志等。由于各类杂志读者比较明确，是各类专业商品广告的良好媒介。

餐饮行业杂志有《中国餐饮杂志》、《美食与美酒》、《餐饮经理人》、《中国烹饪》、《天下美食》、《贝太厨房》、《名厨》等。

杂志广告具有以下特点。

（1）最大特点是针对性强、专业性强，范围相对固定，即不同的人阅读不同的杂志，便于根据就餐者对象选择其常读的杂志做广告。

（2）杂志资料性较强，便于检索、储存、信息量大，图文并茂，专栏较多、较全，且纸张、印刷质量高，对消费者心理影响显著。

（3）杂志出版周期长，适用于时间性不强的信息。

（二）适用情况

有目标地选择一些杂志登广告。如针对新婚夫妇的婚礼宴会，广告可登在《家庭》、《现代家庭》、《中国青年》等杂志。

> **特别提示**
>
> 其他印刷品、出版物上的广告，如可在电话号码本、旅游指南、市区地图、旅游景点门票等处所登载的餐饮广告。

六、直接邮寄广告（DM）营销

（一）什么是直接邮寄广告（DM）

DM是英文Direct Mail Advertising的省略表述，直译为"直接邮寄广告"（后文均简称为DM）。DM是通过邮寄、赠送等形式，将宣传品送到消费者手中、家里或公司所在地。

DM是区别于传统的报纸、电视、广播、互联网等广告刊载媒体的新型广告发布载体。

> 传统广告刊载媒体贩卖的是内容，然后再把发行量二次贩卖给广告主，而DM则是贩卖直达目标消费者广告通道。

1. DM形式

DM形式有广义和狭义之分，广义上包括广告单页，如大家熟悉的街头巷尾、商场超市散布的传单、肯德基、麦当劳的优惠券亦能包括其中。

狭义指装定成册的集纳型广告宣传画册，页数在20多页至200多页不等。

> DM广告杂志标价不能出售，不能收取订户发行费，只能免费赠送，目前可以和邮电局的DM专送合作。

2. DM优点

DM优点，主要包括以下10点。

（1）DM不同于其他传统广告媒体，它可以有针对性地选择目标对象，有的放矢，减少浪费。

（2）DM是对事先选定的对象直接实施广告，广告接受者容易产生其他传统媒体无法比拟的优越感，使其更自主关注产品。

（3）一对一地直接发送，可以减少信息传递过程中的客观挥发，使广告效果达到最大化。

（4）不会引起同类产品的直接竞争，有利于中小型企业避开与大企业的正面交锋。

（5）可以自主选择广告时间、区域，灵活性大，更加适应善变的市场。

（6）想说就说，不为篇幅所累，可以尽情赞誉商品，让消费者全方位了解产品。

（7）内容自由，形式不拘，有利于第一时间抓住消费者的眼球。

(8）信息反馈及时、直接，有利于买卖双方双向沟通。
(9）可以根据市场的变化，随行就市，对广告活动进行调控。
(10）DM广告效果客观可测，根据效果重新调配广告费和调整广告计划。

3. 最佳效果支持条件

要想发挥DM单最佳效果，最好有以下3个条件的大力支持。
（1）必须有一个优秀的商品来支持DM。假若商品与DM所传递的信息相去甚远，甚至是假冒伪劣商品，无论吹得再天花乱坠，也不会有市场。
（2）选择好广告对象。再好的DM，再棒的产品，不能对牛弹琴，否则就是死路一条。
（3）考虑用一种什么样的广告方式来打动你的顾客。巧妙的广告诉求会使DM有事半功倍的效果。

4. DM设计制作

餐饮企业在设计制作DM时，假若事先围绕它的优点考虑更多一点，将对提高DM的广告效果大有帮助。
（1）设计人员要透彻了解商品，熟知消费者的心理习性和规律，知己知彼，方能百战不殆。
（2）设计要新颖有创意，印刷要精致美观，吸引更多的眼球。
（3）DM设计形式无法则，可视具体情况灵活掌握，自由发挥，出奇制胜。
（4）充分考虑其折叠方式、尺寸大小、实际重量，便于邮寄。
（5）可在折叠方法上玩些小花样，比如借鉴中国传统折纸艺术，让人耳目一新，但切记要使接受邮寄者方便拆阅。
（6）配图时，多选择与所传递信息有强烈关联的图案，刺激记忆。
（7）考虑色彩的魅力。
（8）好的DM莫忘纵深拓展，形成系列，以积累广告资源。

（二）DM分类

DM按照不同分类标准，可以分为不同种类，具体见表3-5。

表3-5　DM分类

序号	分类标准	说　明	备　注
1	内容和形式	（1）优惠赠券：当开展促销活动时，为吸引广大消费者参加的而附有优惠条件和措施的赠券 （2）样品目录：零售企业可将经营的各类商品的样品、照片、商标、内容详尽地进行介绍 （3）单张海报：企业精心设计和印制的宣传企业形象、商品、劳务等内容的单张海报	
2	传递方式	（1）报刊夹页：与报社、杂志编辑或当地邮局合作，将广告作为报刊的夹页随报刊投递到读者手中 （2）根据顾客名录信件寄送：多适用于团体顾客买卖 （3）雇佣人员派送：企业雇佣人员，按要求直接向潜在的目标顾客本人或其住宅、单位派送DM杂志	

（三）餐饮邮寄广告

将餐饮企业商业性的信件、宣传小册子、明信片等直接邮寄给消费者的广告形式，它比较适合于一些特殊餐饮活动、新产品的推出、新店的开张，以及吸引本地的一些大公司、企事业单位、常驻机构以及老客户等活动。

这种方式较为灵活，竞争较少，给人感觉亲切，也便于衡量工作绩效，但是费用较高，且费时费工。

七、户外广告营销

一般把设置在户外的广告叫做户外广告，常见的户外广告有路边广告牌、高立柱广告牌（俗称高炮）、灯箱、霓虹灯广告牌、LED看板等，现在甚至有升空气球、飞艇等先进的户外广告形式。

八、电梯广告营销

（一）什么是电梯广告

电梯广告是户外广告的一种类型，因其针对性强、费用低，所以最适合于餐饮企业的产品和店铺的宣传推广。它是镶嵌在城市小区住宅楼、商务楼、商住楼等电梯内特制镜框里的印刷品广告载体。

电梯广告目前在国内是一种全新的富有创意的非传统媒介，能直接有效地针对目标受众传达广告信息。据测算，凡居住或工作在高层住宅楼的用户，每人每天平均乘坐电梯上下3～7次，电梯广告至少近4次闯入他们的视线，高接触频率使其具有更好的传播效果。

（二）选择最合适的电梯

由于现代城市高楼林立，电梯楼也越来越多，如何在最有效又经济的情况下从众多的楼房中选择出最有效的电梯作为推广场所也就显得尤为重要。

（1）选择的楼房应是入住率在80%以上的住宅楼或写字楼。

（2）根据当地电梯楼的数量、密度制定计划投放数量，一般情况一次性覆盖2～3个区域，精选7～8部电梯实施投放。

（3）向该预选楼房电梯广告代理公司咨询广告投放的相关事宜。

（4）电梯广告因其针对性强，印象深刻，在操作上可考虑以美食为主，特别是美食外送服务，应附以礼品推广。

九、门口告示牌营销

张贴诸如菜肴特选、特别套餐、节日菜单和增加新的服务项目等，其制作同样要和餐厅的形象一致，经专业设计人员之手。另外，用词要考虑客人的感慨、感染，"本店下战书十点打烊，明天上午八点再见"比"营业结束"的牌子来得更亲切，同样"本店转播世界杯足球赛实况"的告示，远没有"欢迎观赏大屏幕世界杯足球赛实况转播，餐饮不加价"的营销效果佳。

十、信用卡免费广告营销

免费广告是由信用卡公司提供的。当餐饮企业是信用卡公司的客户时，该公司会及时地为其客户购买广告版面，公司还在发给个体信用卡持有者的信函上登广告，一般这些广告都是免费的。

案例

2009年工商银行面向广大城市白领和美食爱好者，以"爱美食、爱生活"为主题，隆重推出国内首张以餐饮为主题的全国性信用卡"牡丹美食卡"，从而大力倡导"享受美味健康饮食，感受中国饮食文化"。

"牡丹美食卡"为一套四款卡片，分别为五谷丰登、连年有余、延年益寿、美酒佳酿，涵盖银联（UP）、威士（VISA）、万事达卡（Master card）三个品牌。卡面设计主元素选用中国民间传统艺术表现手法——"剪纸"，充分展现中国美食的精髓。除卡面设计独具匠心外，牡丹美食卡还将为持卡人提供极具吸引力的折扣优惠、回馈活动以及美食指南等服务。

十一、内部宣传品营销

在餐饮企业内，使用各种宣传品、印刷品和小礼品进行营销是必不可少的。常见的内部宣传品有各种节目单、火柴、小礼品等。

（一）按期活动节目单

餐厅将本周、本月的各种餐饮活动、文娱活动印刷后放在餐厅门口或电梯口、总台发送、传递信息。

这种节目单要注意下列事项。

（1）印刷质量，要与餐厅的等级相一致，不能太差。

（2）一旦确定了的活动，不能更改和变动。在节目单上一定要写清时间、地点、餐厅的电话号码，印上餐厅的标记，以强化营销效果。

（二）餐巾纸

现在，一般餐饮企业都会提供餐巾纸，有的是免费提供，有的则是付费的。餐巾纸上印有餐厅名称、地址、标记、电话等信息。

> **特别提示**
>
> 如果允许，可以限定提供免费餐巾纸数量，如果不限制免费餐巾纸使用，可能会造成一定的浪费，从而不利于餐饮企业成本控制。

（三）火柴

餐厅每张桌上都可放上印有餐厅名称、地址、标记、电话等信息的火柴，送给客人带出去做宣传。火柴可定制成各种规格、外形、档次，以供不同餐厅使用。

（四）小礼品

餐厅经常在一些特别的节日和流动时间，甚至在日常经营中送一些小礼品给用餐的客人，小礼品要精心设计，根据不同的对象分别赠予，其效果会更为理想。

常见的小礼品有生肖卡、印有餐厅广告和菜单的折扇、小盒茶叶、卡通片、巧克力、鲜花、口布套环、精制的筷子等。

> **特别提示**
>
> 值得留意的是，小礼品要和餐厅的形象、档次相统一，要能起到好的、积极的营销、宣传效果。

第二节　餐饮网络营销常见方式

一、餐饮企业网站营销

餐饮企业网站建设适用于大型连锁餐饮企业，网站可提供菜品介绍、会员招募、网络调研、顾客网络体验、网络订餐等内容。

餐饮企业网站是综合性的网络营销工具，传统企业网站以企业及其产品为核心，重在介绍企业及其产品，新型网站以顾客为核心，处处围绕顾客进行设计，尤其是餐饮企业自身与顾客联系就非常密切，网站更要体现其服务特性和顾客导向性。

（一）餐饮企业自己建设网站

大型餐饮企业网站建设，一般都是由营销部负责，营销部会设有专门的网站编辑部来负责企业网站网页设计、网站内容更新等。

餐饮企业要重视定义和搭建网站，将其作为对外宣传、推广、服务及营销的载体，来配合企业的发展和需要，使网站具有鲜明、动感、庄重、大方而又不失功能的特色。

（二）与专业网站制作公司合作

餐饮企业也可以与专业网站制作公司合作，请其负责网站建设，而且，一定要选择资质较好的公司。

当然，一定要与其签订网站建设合同，保证双方合法权益。

二、搜索引擎营销

案例

客必乐（中国）餐饮管理有限公司是一个以营养快餐为特色的全国连锁企业，企业秉承"营养、美味、时尚"的经营理念和坚持"举营养旗、打品牌战、走连锁路、做环保餐"的指导思想，成功稳步发展连锁餐厅。

客必乐植根于黄土高原黄土风情文化，秉承黄土高原人稳重、实在、厚朴的民风，自尊、强悍、豪放的气质，潜心挖掘研发做工精细、营养丰富、强身健体，适合国人口味和营养的快餐食品。

通过近年的搜索推广投放实践，其总结出以下3点经验。

（1）根据客户的使用习惯选择一些搜索引擎平台进行推广。

（2）为了覆盖更多的客户群体，根据客户的特点设置相应的关键词，比如会专门投放一些"创业"、"在线创业"、"创业项目"等关键词，既投放行业性广泛的关键词，也投放一些精准度比较高的关键词。

（3）在广告语方面，抓住客户的需求，重点突出优势：中国特许经营连锁百强企业。

搜索引擎（Search Engines）是对互联网上的信息资源进行搜集整理，然后供人查询的系统，它包括信息搜集、信息整理和用户查询三部分。

搜索引擎是一个为人们提供信息"检索"服务的网站，它使用某些程序把因特网上的所有信息归类以帮助人们在茫茫网海中搜寻到所需要的信息。

当选择一家搜索引擎时，确信他们提供的是多种服务而不只是广告本身。

1. 搜索引擎广告（Paid Placement）

搜索引擎广告包括赞助商广告、付费排名广告和内容关联广告（即关键词广告及其引申），搜索引擎广告根据付费的多少决定排名的先后。

2. 搜索引擎优化（SEO）

搜索引擎优化根据搜索引擎自然排名的工作原理，结合网站设计、书写、代码编写以及链接等工作，最大限度地提高页面在所选关键词下的搜索结果中排名靠前的可能性。

3. 付费登录和目录（Paid Inclusion）

付费登录专门针对于一些人工编辑的搜索引擎，如分类目录。即使付费，也不能保证一定登录你的网站，英文Yahoo!和Business.com就是典型的提供付费登录目录的例子。

4. 比较购物搜索引擎（Comparison Shopping）

购物搜索引擎为人们提供方便地寻找、比较在线商品销售的信息，最有名的如Deal Time、Price Grabber.com、Froogle和Yahoo! Shopping。

并非所有的搜索引擎营销餐饮企业都提供以上全部类型的搜索引擎服务，采用哪种搜索引擎服务要根据自己的需求决定。如果你不想修改网站设计，就选择搜索引擎广告；如果要重新设计网站，就应该找搜索引擎优化餐饮企业。

三、博客、微博营销

（一）什么是博客营销

博客营销是指在网站设立的博客，先进行用户注册，然后发表宣传型与广告型文章，介绍企业情况与产品、服务情况而引起上网的读者注意，与潜在顾客进行网络沟通的一种新的营销方式。

现在有许多专门企业博客网站，如企博网，里面有不同行业企业博客，并且还有博客营销联盟等，人们可以在里面看到许多企业信息。

（二）微博营销

采用微博营销，首先大家都知道如今人们用微博是一种时尚，在公交广告上可以看到"来搜狐微博看我"之类的广告，可见，微博自己本身也在做广告营销，然后利用微博来进行餐饮企业的营销，可以说是节省了一定的营销成本。

每一个人都可以在新浪、网易、腾讯等注册一个微博，然后利用更新微型博客，每天就可以跟大家交流，或者有大家所感兴趣的话题，这样就可以达到营销的目的，这样的方式就是新兴推出的微博营销。

利用微博营销，要注意利用一定营销技巧，更好地达到营销目的，具体见表3-6。

表3-6 微博营销技巧

序号	营销技巧	说　明	备　注
1	账号认证	获得认证可以形成较权威的良好形象，微博信息可被外部搜索引擎收录，更易于传播，不过信息的审核可能会更严格	
2	内容发布	微博最好每篇文字都带有图片、视频等多媒体信息；微博内容尽量包含合适的话题或标签，以利于微博搜索；发布的内容要有价值，如提供特价或打折信息、限时内打折活动等	
3	内容更新	微博信息每日都进行更新，要有规律地进行更新，每天5～10条信息，一小时内不要连发几条信息，抓住高峰发帖时间更新信息	
4	积极互动	多参与转发和评论，主动搜索餐饮行业相关话题，主动去与用户互动；定期举办有奖活动，提供免费奖品鼓励，能够带来快速粉丝增长，并增加其忠诚度	
5	标签设置	合理设置标签，微博会推荐有共同标签或共同兴趣的人加以关注	
6	获取高质量"粉丝"	关注餐饮行业名人或知名机构；善用找朋友功能；提高粉丝的转发率和评论率；发布的内容主题要专一，内容要附带关键字，以利于高质量用户搜索到	

案例

2011年3月，一场由小肥羊导演的别开生面的自然生活秀在北京极具个性的极度体验俱乐部举行。在这个轻松而又隆重的自然生活大派对上，小肥羊揭晓并启动了全新的广告语——"畅享自然生活"，新一轮品牌升级行动由此拉开帷幕。

在活动现场，额尔古纳乐队的原生态风格与小肥羊"畅享自然生活"的品牌主张天然的契合在一起，可谓相得益彰。

小肥羊微博互动，场内外秀出自然生活宣言。在活动现场，新浪大屏幕也在不断刷新，来自全国各地网友的自然生活宣言即时联动场内，原来，这是小肥羊与新浪微博联手直播这场自然生活秀。

"我是一个登山爱好者，我的自然生活就是每周都去户外享受自然。"

"我的自然生活就是低碳出行，多乘坐公交、地铁，少开车。"

"我的自然生活就是春天踏青、夏天登山、秋天采摘、冬天滑雪，呵呵……"

四、病毒式营销

（一）什么是病毒式营销

病毒式营销是一种常用的网络营销方法，常用于进行网站推广、品牌推广等。病毒性营销利用的是用户口碑传播的原理，在互联网上，这种"口碑传播"更为方便，可以像病毒一样迅速蔓延，因此成为一种高效的信息传播方式，几乎是不需要费用的。

（二）病毒式营销方法

病毒式营销方法，具体见表3-7。

表3-7　病毒式营销方法

序号	方法	说　明	备　注
1	免费服务	一些大型餐饮企业可以提供免费的二级域名、免费空间、免费程序接口、免费计数器等资源，这些资源中可以直接或间接地加入餐饮企业的链接或者其他产品的介绍，也可以是广告，特别是现在推出的广告，很适合放在这些免费资源中	
2	便民服务	便民服务不像上面的免费服务一样需要一定的财力物力，比较适合小型餐饮企业，在网站上提供日常生活中常会用到的一些查询，如公交查询、电话查询、手机归属地查询、天气查询等，把这些实用的查询集中到一起，能给用户提供极大的便利，会得到用户很好的口碑，也就能很快地在网民中推广开来	
3	节日祝福	每当到节日时，可以通过QQ、MSN、电子邮件等工具向朋友发送一些祝福，后面附上网页地址或精美图片，由于在节日里，人们都很高兴收到来自朋友的祝福，也喜欢发祝福给朋友，一个高效的病毒链就这样形成了	
4	精美网页或笑话	娱乐是人们生活的追求之一，做一个精美的网页或精彩的笑话发给朋友，朋友一定会很高兴并很快地转发给他的好朋友	

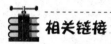

美国第一家病毒式营销餐馆

每周的星期三晚上9点，都有近200名难敌煎玉米卷诱惑的洛杉矶人组成所谓的"快闪党"，耐心地守候在"金地鼠"（明尼苏达大学校队Golden Gophers的主场）外面，等待一辆流动快餐车的到来。

借助Twitter等网络的力量和病毒式口碑营销，短短三个月的时间里，Kogi就迅速征服无数洛杉矶人的胃，成为美国知名度最高的流动饭馆之一，甚至连BBC、《纽约时报》和《新闻周刊》都将它作为报道对象。

为了好好犒劳自己，这些食客们会心甘情愿地等上一个小时。每晚打烊的时候，每辆Kogi车都会卖掉400磅（约合181公斤）的肉，数量可谓惊人。"每一站都会有数百名年轻人光顾，现在已经有12名穿西服打领带的家伙问我从什么地方买的卷心菜了。"Kogi大厨兼老板罗伊·崔（Roy Choi）说。

罗伊，毕业于美国烹饪学院，获得过各种证书，担任过几家洛杉矶餐厅的主厨，还在四星级法国餐厅La Bernardin、Rock Sugar工作过。2008年夏季的一天，和朋友马克·曼古尔拉（Mark Manguera）在一起喝咖啡时，马克建议不妨合伙开一家韩国烤玉米卷的餐馆。

两个月后，一个由7人组成的餐饮项目正式启动了。除了罗伊本人是厨师外，还有一群得力助手——朋友、家人和15个手艺不错的厨师（绝大多数是墨西哥厨师）组成了这支优秀的团队，他们不断摸索、创新，调制出最美味的Kogi。

罗伊的家人在韩国城开了一家饭馆,由于担心被物以类聚,他长期来一直回避亚洲人的烹饪风格,但将韩国调料引入墨西哥菜系的想法,却最终为他打开了一扇门。经过数周的反复实践,主打菜便从最初的煎玉米卷系列扩充到现在的众多品种,其中包括韩式泡菜油炸玉米粉饼、五花肉单层馅饼、韩式血肠热狗等,罗伊还计划在未来菜单中增加烤肚、牛羊杂和腌泡凤尾鱼。

韩式煎玉米卷没什么新意,Kogi车也非高档货,是什么成就了Kogi奇迹?罗伊说,最重要的成功秘诀是借助了网络的力量。

他们在Twitter上实时通报Kogi方位,很快就收到意想不到的效果。当警察将Kogi从街角轰走时,罗伊就会用Twitter向用户报告下一站的位置;当卡车迟到时,他又会发出这样的信息——"再等我们10分钟好吗?永远的煎玉米卷。"——让开始动摇的食客们继续排好长队,等待美餐。"我一晚上能够为100人准备食物,但Twitter每秒钟就能将5000人召集在一起,让口头推荐的宣传效应提高了100万倍。"罗伊说。

此外,罗伊还要求追随者出谋划策,帮助设计T恤衫并给Kogi的餐车起名字,粉丝的照片和YouTube上的视频则被登载在他们的官方博客上,以在更大程度上获得宣传效应。Kogi的迅速崛起俨然成为一种文化现象,人们形象地称其为"Kogi文化"。

总体上说,Kogi的成功经验就是完美地跟上时代步伐——独到的市场营销手段,为渴望真实性的后现代人的胃准备新奇的蛋白质,同时考虑经济衰退因素,将价格巧妙地定在2美元至7美元之间。罗伊坚称,Kogi能够成为洛杉矶人的宠儿主要是因为反映了洛杉矶本来的面貌,他解释说:"墨西哥与韩国文化在真正意义上构成了这座城市的基础,Kogi是我在洛杉矶留下的一个符号,但只是一个很小的符号。"

(文章来源于《新闻周刊》2009年3月3日报道"Twitter助韩式煎玉米卷风靡洛杉矶"。)

> **特别提示**
>
> 开展病毒式营销应注意以下事项:不要直接做成商业广告;产品要实用;不要欺骗用户;做好人工服务。

五、电子邮件营销

在电子邮件为生活带来便捷的同时,也为餐饮企业带来新的营销机会。作为一种新的媒体,电子邮件将成为最为锐利的营销工具,电子邮件营销已被越来越多的餐饮企业所重视。

电子邮件营销,是在用户事先许可的前提下,通过电子邮件的方式向目标用户传递有价值信息的一种网络营销手段。

> **特别提示**
>
> 电子邮件营销强调三个基本因素:基于用户许可、通过电子邮件传递信息、信息对用户是有价值的。三个因素缺少一个,都不能称之为有效的电子邮件营销。

以电子邮件为基础的电子邮件营销是网络营销的重要内容,同时电子邮件营销本身又形成一个相对完整的网络营销分支。企业邮箱不仅是体现企业形象、强化内部管理、营销推广,其深层的意义是一种服务的体现。

企业邮箱无论是作为内部协同办公工具、外部商务沟通工具,还是作为邮件营销策略工具,一个稳定、高效和方便的企业邮箱系统的选择格外重要。

餐饮企业可以利用电子邮件列表发送优惠信息、新产品信息以及顾客生日、节日祝贺信等的电子邮件。

六、团购营销

团购网站是近年来出现的新兴网站类型,餐饮企业利用团购网站的团购活动可以在短时间内聚集人气,特别适用于新开张或急需打开市场的餐饮企业。

在对团购营销进行讲解之前,我们先来一起看一看餐饮行业与团购的相关事件。

案例

2010年中秋佳节即将到来之际,国内世界级的高端中餐品牌俏江南股份有限公司带领旗下京城15家分店与国内领先的团购网站糯米网携手共同打造中秋合家欢套餐团购活动,此举为俏江南首次以集团身份与团购网站进行的战略性合作。

(一)认识网络团购

团购就是团体购物,指的是认识的或者不认识的消费者联合起来,来加大与商家的谈判能力,以求得最优价格的一种购物方式。根据薄利多销、量大价优的原理,商家可以给出低于零售价格的团购折扣和单独购买得不到的优质服务。现在团购的主要方式是网络团购。

大家常见的团购网站有糯米网、窝窝团、美团网、58团购、赶集团购、24券等。据了解,目前网络团购的主力军是年龄25岁到35岁的年轻群体,在北京、上海、深圳等大城市十分普遍。

> **特别提示**
>
> 餐饮行业作为一个地域性非常强的行业，网络团购同样受到地域的影响，即只能是同一城市的团购，餐饮行业需要注意如何打破这一现状。

（二）签订团购合同

餐饮企业在与团购网站合作时，一定要签订合同，以保护双方合法权益。

（三）保证团购服务质量

餐饮企业实行团购营销，都是为了吸引顾客，从而达到盈利为最终目的，但是，现在许多团购服务品质都不太高，导致许多人对团购持有怀疑态度。

案例

近日，杨小姐拿着中秋月饼盒里的咖啡赠券到星巴克咖啡店兑换了一杯卡布奇诺，喝了一口是泡沫，再喝几口还是泡沫，把泡沫都喝完了一看，咖啡只有小半杯。杨小姐拿到柜台去询问，店员告诉她，卡布奇诺咖啡就是这样，泡沫会多一些。为了验证店员的说法，杨小姐到星巴克咖啡的另一家分店去购买了同样一杯卡布奇诺，发现咖啡明明是有多半杯的，只有上面一层是泡沫，比自己兑换的那杯多了不少。

"给店员兑换券的时候，她直接向后台喊'一个套券'，而不是通常的'一个小杯'。"杨小姐告诉记者，不知道这里面有什么不同，不过，那张兑换券上可是明明写着可兑换任意一杯12盎司咖啡，没写着减量供应。

上述案例中杨小姐遇到的情况，许多顾客都碰到过，因此，餐饮企业如果实行团购促销，一定要注意自己的服务品质，如果名不符实，结果反而是得不偿失的。

七、电子优惠券

（一）什么是电子优惠券

电子优惠券是餐饮企业在互联网上以电子文本和图片形式存在的一种打折优惠信息或优惠券。电子优惠券既省了商家印刷和发送传统优惠券的成本，又方便了消费者的使用，因而这种新兴的网络营销模式已经成为众多网络促销手段中最受欢迎的方式之一。

> **特别提示**
>
> 电子优惠券一般都是免费下载使用的;如果没有特别要求,电子优惠券无论彩色黑白、打印复印、放大缩小,只要在有效期内并且关键文字清晰可辨认,对应的门店均可以使用。

(二)如何开展电子优惠券营销

餐饮企业开展电子优惠券营销,有以下5种方式可以借鉴。

(1)可以在各网站上,利用自己企业发布优惠券。

(2)可以在各论坛上,以帖子的形式,免费发布电子优惠券。

(3)可以在餐饮企业网站上,发布优惠券下载软件,便于用户下载优惠券。

(4)与各餐饮点评网、口碑网等进行合作,在其上面发布自己的优惠券。

(5)可以在餐饮行业的门户网站上发布电子优惠券信息,这种方式给消费者的专业度和可信度会相对比较高。

(三)注意事项

网络平台蕴含着巨大的营销商机,也给餐饮企业特别是中小餐饮企业更多参与竞争的机会,但是开展网络营销时,更要注意营销平台的选择、诚信为本、结合企业经营规模等,保证企业的品牌形象通过网络得到良好的宣传。

八、网上订餐外卖

开展外送业务的餐饮企业,可以进行网上订餐。网上订餐可以使用以下2种方式。

(1)餐饮企业建立自己的网络订餐平台,自己实现网络订餐功能。这适用于大型连锁餐饮企业的大规模、大范围订餐服务和小型餐饮企业的小范围订餐服务,目前肯德基、麦当劳、永和豆浆、海底捞等都提供网络订餐。

(2)可以利用一些综合订餐平台提供订餐服务,企业可以利用相应平台增加销售渠道。

九、网上点餐

网上点餐就是顾客通过互联网在线选择餐厅、点餐、选座和支付,随后到店完成消费的过程。随着现在有些餐饮网上交易平台的上线,顾客能以最直接的方式找到餐厅,不用进入实体店面就可以看到餐厅优美的环境和让人垂涎欲滴的美食,并在第一时间获得各种优惠、打折和促销信息。

(一)网上点餐形式

网上点餐的出现,改变了传统的餐饮消费模式,用户通过互联网在线选择餐厅、点餐,不必再去餐厅点了。

现在出现互联网上的"网上点餐"形式,主要分为3种,具体见表3-8。

表3-8 网上点餐形式

序号	形式	说明	备注
1	菜品展示型	用户可以在网上的点餐页面,看到一系列菜品的展示,然后选择一些自己想吃的菜,加入菜单,然后通过手机短信下载这些菜单,或者打印出来,拿到餐厅再行点餐	
2	菜品预订型,不预留座席	(1)用户通过网上选择自己喜欢的菜品,加入菜单,然后留下自己的电话联系方式,以及用餐信息,订单成功提交后,餐厅客服将(在营业时间内)安排回复此次订餐 (2)不预留座位,若到达餐厅时已无坐位,只能进行排号候位	
3	网上点餐、选座、支付一体化	(1)用户通过餐厅的网上餐厅进行网上点餐(传统点餐、地图点餐、自动配餐),选择自己喜欢的菜,加入菜单 (2)选择自己喜欢的座席,填写就餐信息(到店时间、就餐联系人、是否需要发票等) (3)网上进行支付,完成支付后,系统会发送就餐号到用户的手机,餐厅自动接单,提前准备,用户在就餐当日到餐厅,只需出示就餐号,即可以坐下就餐	

(二)网上点餐优点

网上点餐具有以下优点。

(1)网站提供丰富的餐厅资源供用户详尽地查找与比较餐厅、美食、价格、折扣率等信息,并方便快捷地在线完成点餐、选座和支付。

(2)到店就可以就餐,免除了现场等位、点餐、等菜、支付的烦恼,极大节省就餐时间。

(3)可以提前多天下单,自由选择到店时间(精确到几点几分),就餐时间更加灵活。

(4)对于差旅人士,可以全面掌握当地美食信息,并有详细的地图功能,指引如何步行、驾车或乘坐公交到达,轻松地体验异地美食。

(5)对于公司团体用户,可以统一管理与结算商务餐费,便于有效控制开支,封堵财务漏洞。

第三节 餐饮常见假日营销

一、年夜饭营销

近年来,已有许多家庭不愿终年忙碌的母亲连过年都不得空闲,所以选择到餐厅享受精致美味又省时省力的年夜饭。鉴于除夕夜外食人口激增,可大力推行除夕年夜饭专案的促销活动，以各式烹调美味的时令佳肴与象征好彩头的菜肴名称，营造出除夕夜年夜饭欢乐温馨的气氛。

另外，在过年期间，以餐厅既有资源从事"外带"的卖餐方式，将菜肴提供客人外带回家享用，不仅可以满足现代人省时省力又喜欢享受的需求，更顺应了除夕夜在家团圆用餐的习俗，不失为促销的方法之一。

（一）文化

宴席是很多人聚餐的一种餐饮方式，是按筵宴的要求、规格、档次，程序化的整套菜点，是进行喜庆、团聚、社交、纪念等社会活动的重要手段。

宴席菜点的组合原则有诸多方面，如突出主题、属性和谐、价值相符、荤素搭配、口味鲜明、营养合理等，那么春节筵宴，则要紧紧围绕"年文化"、"年风俗"来设计，紧扣主题。春节宴会的菜点安排一定要与日常宴会设计有明显区别，以突现节庆、团聚和欢乐气氛。

"年文化"是中国传统民族文化的一个重要组成部分，根植于每个中国人的意识形态之中，"年文化"包括很多中国的传统习俗。

（二）特色

菜品是餐饮企业的灵魂，作为一个成功的餐饮企业，必定有本店的特色菜品作为支撑，结合春节节日特点，研究特色菜品，推出具有本店特色的"年菜"。

如今，城市居民在酒楼、餐厅过年形成一种风尚，而且这种风气愈演愈烈，可是有的餐饮企业的菜单已经有不少批评和抱怨的声音，因此，制定年夜饭菜单时应注意如下事项，见表3-9。

表3-9 制定年夜饭菜单注意事项

序号	注意事项	说明	备注
1	名称祥和，标注本名	为烘托过年气氛，可给菜品起一个响亮的名字，最好在后面标注上菜点的本名，或标注所用原料	
2	色形艳丽，富有创意	注重细化、美化，注重食用性同时，突出其观赏性和艺术性，如艺术菜、花色菜、盛器选用、点缀装饰手段等	
3	精选菜点，突出特色	（1）从菜品原料、营养、口味、色彩等方面要有别于其他店出品的特点 （2）菜品在本店点击率高，是菜单中亮点，是品牌菜，春节菜单组合，首先选择本店特色菜，然后加上部分创新菜、时令菜	
4	经济实惠，突出美味	注重五味平和、喜闻乐见，所有菜点均应做到"甘而不浓、酸而不醋、咸而不减、辛而不烈"	
5	营养平衡，返璞归真	将现代厨艺风格、水平融入其中，做到土菜不俗、粗粮细做，体现中国菜点色、香、味、意、形、养的完美	

（三）环境

如今人们外出就餐，所追求的是一个愉悦完整的过程，"吃"只是一部分，

服务和用餐环境也是重要组成部分。

1. 年环境

"年环境"是指餐厅春节期间布置,可根据本地人们喜好、风俗布置,以洋溢出人们过新年的喜悦心情,如张贴年画、挂灯笼、贴春联、餐厅挂一些特色鲜明的饰品等,来布置出新年气氛,服务人员根据春节习俗调整一下服饰也能对整体环境起到烘托作用。

2. 软环境

"软环境",指的是服务人员的态度、服务水准。服务人员应精神饱满地给顾客送去新年祝福,以自己的精神面貌给顾客带来吉祥喜庆的团圆气氛。可以策划一些抽奖活动、歌舞演出等项目,更会使餐厅经营锦上添花。

(四)宣传

如今,春节年夜饭预订启动得越来越早,一些餐厅在上一年的10月份就开始接受预订,有的甚至在吃去年年夜饭时就把今年的年夜饭订下来了。

> **特别提示**
>
> 中式餐厅年夜饭较受欢迎,在营销上增加抽奖活动以吸引顾客,强调拥有高清晰大背投彩电,让客人在就餐的同时都能看到春节联欢晚会,对吸引顾客能起到很好作用。

(五)服务

对于餐饮企业来说,春节是一个巨大的市场。现在城市居民除了外出就餐增多以外,对于食品半成品、卤酱年货等需求量也在不断增加,一些高收入家庭,让厨师、服务员带原料上门服务的需求也不断扩大。

二、西式情人节营销

2月14日,这是西方一个较浪漫的节日,餐厅可推出情人节套餐。营销"心"形高级巧克力、展销各式情人节糕饼、酒吧特制情人鸡尾酒、一根双头心形吸管可增添很多乐趣。餐厅还可增加一个卖花女,鲜花可以带来一笔可观的收入。同时,举办情人节舞会或化装舞会,举行各种文艺活动,像抒情音乐会及跳舞,如"梁山伯与祝英台"、"罗密欧与朱丽叶"等。

> **案例**
>
> 某餐厅在情人节搞了一个名为"情人玻璃瓶"的主题活动:提供彩色玻璃

瓶，情人们把爱情蜜语写在纸上，然后塞进瓶里，再用丝带绑好，送予对方，这样的营销活动成本较低，然而效果却很好。

三、五一及母亲节营销

每年五月的第二个星期天是母亲节，因此五一及母亲节相距很近，餐饮企业可以将五一与母亲节一起进行营销。五一及母亲节餐饮促销的客源定位很重要，要彻底分析客源市场状况。

母亲节，很多人不知道怎样犒劳自己辛苦的母亲，如果餐厅能迎合顾客需求，能帮助顾客在母亲节表达自己对母亲的爱，相信会有很多的顾客愿意带母亲来餐厅过母亲节。

以下是某餐厅五一及母亲节促销案例，仅供参考。

【范例】××餐厅五一及母亲节促销

××餐厅五一及母亲节促销

活动时间：5月1日～5月8日

活动内容：

1. "游××，吃××，送清爽"

5月1日～5月8日期间，凡持当日游览××花园门票的宾客来店用餐，每桌可获赠清凉甜爽水果一份（或酸梅汁一杯）。

2. 触摸"五一"幸运摸奖活动

5月1日～5月8日期间，在××店用餐者以桌为单位，均可凭结账单参加抽奖活动，凡抽出写有"五一"字样的客人将获得××花园门票一张，凡抽出写有"黄金周"字样的客人将可获得××游览券一张。

3. "××饭店××特价卖"

5月1日～5月8日活动期间，每日限20只××特价销售，原价96元/只，特价60元/只，活动期间还有两款特价菜以供宾客选择（略）。

另外，为回报消费者，5月1日～5月8日活动期间，特推出"精品川菜、百姓价格"的三款套餐：亲子三人套餐188元；快乐六人套餐588元；全家福套餐（10人量）880元。

4. 订"××"餐厅送花园游

5月1日～5月8日活动期间，凡在"××"用餐的宾客可免费游览××花园，让宾客充分体会到"××里的川菜，川菜中的经典"意境。

5. "感恩慈母爱，鲜花送祝福"

2011年5月8日（星期日），母亲节。上午10:00～11:00，特别邀请营养专家进行专题讲座"现代人如何吃才健康;女孩子如何减肥",此活动免费参加,需提前预订,限30名,来店听讲座的宾客用餐可享受九折优惠。

当日为母亲举办庆祝宴、生日宴的宾客可优先预订讲座席位,并可享受餐费九折优惠,同时,为表达对伟大母亲的深深敬意与祝福,赠送鲜花一束以示祝福。

四、儿童节营销

如今,随着生活水平的提高,加之大多数家庭都只有一个孩子,所以父母对于孩子的节日会越来越重视,因此,可以针对儿童节制定促销方案。

小朋友都喜欢热闹,所以对于儿童节的促销不能仅仅局限于宴会,需要举办各式各样的活动,提高参与性。以下是某餐厅的儿童节促销案例,仅供参考。

【范例】××餐厅儿童节营销策划方案

××餐厅儿童节营销策划方案

一、六一儿童节促销活动由来

为庆祝一年一度的"六一"国际儿童节,让小朋友们度过一个快乐而有意义的节日,给家长们创造关心孩子的机会,××餐厅为孩子们精心准备了美味可口的儿童套餐、精彩纷呈的文艺晚会、五颜六色的蛋糕。餐厅大门饰以缤纷多彩的气球,六一期间童真荡漾,让孩子们在欢乐的天地、缤纷的美食世界中度过一个快乐难忘的"六一"儿童节,届时××餐厅将推出系列精品菜肴和美食,通过本次活动的开展,提高餐厅的美誉度,吸引更多的家庭来消费,让家长和小朋友们来分享美食、体验快乐。

二、活动时间

5月28日~6月1日。

三、活动主题

欢乐童年精彩无限——让您的宝贝儿童年更快乐。

四、活动内容

通过策划主题活动给参与活动的儿童朋友一个惊喜、一份快乐、一份难忘的记忆、一个一生都难以忘怀的儿童节。

1. 晚会节目设计

凡是点到餐厅儿童套餐的小朋友,在晚会开始前均可到主持人处报名参加以下比赛活动(书画比赛要提前报名参加),获奖小朋友均有礼品赠送。

(1)儿歌演唱比赛:曲目为背景音乐里的二十首儿歌,根据情况确定小朋友报名数量。

（2）儿童舞蹈演出：由××演出公司提供，只在晚会中间进行。

（3）儿童书画比赛：凡是提前来店预订儿童套餐小朋友均可报名参加书画比赛，晚会现场所有来宾是裁判，取前六名在餐厅合影留念，并颁发奖品。

（4）趣味谜语竞猜：共设谜语100条，晚会随机进行安排，由主持人负责。

2. 联动促销

（1）活动一：5月28日～6月1日期间，凡在餐厅消费儿童乐套餐者，均可获赠大餐厅"欢乐童年精彩无限"主题儿童文艺晚会免费门票一张。

（2）活动二：5月28日～6月1日活动期间，凡在六一期间来店用餐者，均可免费获赠气球一个。

3. 晚会现场装饰

（1）舞台设计："欢乐童年精彩无限"主题背景布，周边用粉纱和印有六一祝福语的气球装饰，突出童真、竞技的氛围。

（2）宴会厅内布置：用气球装饰与彩色纸花布置。

（3）其他点缀：在宴会厅内各个音响和玻璃上张贴征集到的儿童图画，作为展览。

五、活动宣传

（1）背景音乐：在餐厅大堂和包房里播放儿童喜欢的歌曲，如《小燕子》、《读书郎》、《歌声与微笑》、《好爸爸，坏爸爸》等20首儿童歌曲，可在殿堂内和包房里播放，又可以让小朋友们学着演唱。

（2）门厅装饰：用气球做彩门装饰，营造六一热闹氛围。

（3）媒体宣传：××省交通台、××日报、生活晨报。

（4）视觉宣传：5月25日（提前三天）开始宣传，主要以条幅、易拉宝、彩页菜单、口碑传播、向新老客户介绍等多种形式推广，以达到最佳的效果。

六、套餐设计

本次活动套餐设计以营养为主，主要在宴会厅以销售套餐的形式进行，套餐分设六款，共计46套。

（1）"欢乐童年"营养套餐288元（A三人用），15套计4320元。

（2）"金色年华"营养套餐388元（B四人用），16套计6208元。

（3）"望子成龙"营养套餐488元（C四人用），15套计7320元。

本次活动预计收益为：17848元。

七、费用预算

略。

八、效果评估与预测

（1）拉动家庭消费，提高散台和包房的营业额。

> （2）在众多餐厅中进行差异化营销，首家推出健康益智菜品，营销概念超前引领潮流。
>
> （3）活动具有吸引孩子的卖点，以此带动家长来消费，提高在同行业中的竞争力。
>
> （4）活动具有连续性和持久的影响力，可在暑假和寒假继续推广并扩大规模，形成独具特色的促销品牌。

五、父亲节营销

每年6月的第三个星期天是父亲节，可利用当天中午和晚上做全家福自助餐或全家福桌菜来进行销售。

除了节日当天的宴会专案外，为吸引客人在父亲节到来之前到餐厅消费，可以采用"消费满一定金额即赠送餐饮礼券"的促销方式。这样便可增加客人来店次数。

在父亲节来临之际，带着父亲与全家人一起出去吃顿饭，怕是大多数人父亲节的活动安排之一，于是，餐饮随行就市的热闹起来，为父亲节提供了方便，制造了气氛，同时也提高了自己的营业额，那么餐饮企业父亲节营销该如何去做呢？餐饮父亲节营销的一些装扮细节值得注意。

（一）餐饮产品

根据产品针对的消费群体、消费目标、消费价值、消费周转期、消费习惯来确定。餐饮父亲节促销，消费群体自然是父亲及连带个体。父亲节的餐饮产品装扮，如父亲节套餐、针对不同的父亲特点制定的健康宴，都是对产品的包装，但具体细节还要根据自身的实际条件来做促销产品。

（二）环境

环境对于促销有着一定的暗示及刺激作用，尤其对于餐饮业来说，更是如此。在布置或选择促销环境的时候，要着重显示父亲节的文化背景及内涵，这样可以大大缩小与消费者购买时的亲近接触距离感，达到完美效果。

（三）人员

这里主要指的是亲和力，也就是服务态度的装扮。对于如何装扮人员，需要对人员有明确的要求：一是要规范使用标准亲和力相关礼仪与必要的辅助目标；二是构建系统的产品促销规程，注重对区域文化的建设性提炼；三是促进产品与消费者、产品与环境、产品与服务等多种态度有机利用；四是为自己找寻最佳的服务标准,度身定做是合理的促销要求。

在父亲节可以采用如父亲节特色套餐;家庭就餐,免掉父亲的单;家庭就餐,赠送全家福(也可以是其他的联合方式);现场DIY为父亲献厨艺等方式。

特别提示

父亲节促销方式有很多,根据自己的实际情况来做,有计划地利用可以利用的资源优势,结合自己的特点,分析消费目标客户,就可以做出适合自己的促销。

以下是某餐厅父亲节营销策划方案,仅供参考。

【范例】××餐厅父亲节营销策划方案

××餐厅父亲节营销策划方案

一、活动目的

通过父亲节前期和当天的宣传,对用餐的顾客进行温馨提示和礼品赠送,以及给顾客提供其他的超值服务的系列行为,来感动顾客并增加顾客对我们餐厅的情感关注,不断聚焦麻辣风,进而提高营业额和顾客的回头率以及对品牌的忠诚度。

通过我们的情感营销(提供超值服务)不断提高餐厅在餐饮市场的占有率,不断领先于竞争对手。

二、活动时间

父亲节当日。

三、活动地点

××餐厅。

四、活动内容

(1)父亲节当天来我店用餐的顾客都可以免费给父亲打个电话,无论是市话、国内长途,限时15分钟。

(2)父亲节当天来我店用餐的顾客都可有机会免费拍照一张,并免费寄到本人父亲的手中。

(3)父亲节当天如有客人请其父亲来店用餐,可享有如下优惠:免费合影一张;送相框一个;送纪念父亲节特制菜品1~3份;送礼品一份(领带等)。

(4)如果是请自己的父亲用餐,除了可享受以上优惠,还可以享受全单8.8折优惠。

(5)父亲节当天过生日的父亲,免费提供"父亲节家庭套餐"一桌供10

人以内用（父亲的生日必须以二代身份证上的日期为准，年龄达到法定结婚年龄一年以上，有和儿女合影照片）。

五、宣传与氛围营造

（一）对外广告宣传

做两期平面媒体广告；电视广告两期；网络广告；高档楼宇广告。

（二）短信群发

短信内容：父亲节到了，××餐厅全体员工祝福您的父亲或身为父亲的您健康快乐！当天生日的父亲可享受免费家庭套餐！还有更多惊喜！

订餐电话：××××××××

（三）通过店内外各种广告（图片和文字）在不同位置的布置，进行全方位立体化的宣传，在店内营造出浓浓的"父亲节"文化氛围。具体工作布置如下。

1. 店外水牌

第一次提示顾客。

2. 店内广告和氛围营造

（1）X展架3个。

（2）喷绘图片30张。

（3）特制父亲节菜单。

（4）免费父亲节家庭套餐。

（5）台面短文（从"六·一"儿童节到"6·20"父亲节）。

（6）背景音乐：陈红的《常回家看看》、崔京浩和刘和刚两个版本的《父亲》循环播放。

（7）员工问候语：父亲节快乐等对顾客进行第二次、第三次父亲节提示，让顾客产生父亲节的情感或由此而想起了家乡的父亲或由此而想起自己做父亲的艰辛与不易……为后面的感动做好铺垫！

3. 现场互动

（1）送"父子（女）连心"菜品一份。祝福语：祝愿天下父子、父女都永远心连心、幸福快乐！

（2）现场拍照。配音：各位领导，让我们在父亲节这个难忘的日子里留下这永恒的一瞬！到时我们给您送去或寄过去。

（3）为现场的父亲和天下父亲敬上一杯祝福酒，祝酒词：今天是父亲节，祝现场的父亲和远在家乡的父亲节日快乐、身体健康！

（4）（祝酒词讲完之后）说：各位领导，我和我的助手一起为现场的父亲和客人献上一曲《父亲》，再次祝您和您的父亲节日快乐、身体健康（将氛围推向高潮）。

六、注意事项

（1）宣传文稿、词句感情表达要贴切、准确、到位，过则显假，欠缺则无法与顾客产生情感共鸣，很难感动顾客。

（2）对父亲节活动内容要进行全员培训，达到熟知的地步。

（3）父亲节优惠活动不能与其他优惠活动同时享有。

（4）6·20父亲节那天来我店过生日的"父亲"必须提前预约。

（5）当天在我店过生日的"父亲"或在我店里请父亲吃饭时，要组织管理层一起为"父亲"说句祝福的话语。

（6）要保障父亲节特制菜品原材料充足。

七、宣传文稿

1. 短文一篇（略）

2. 广告宣传语

（1）我们与您有一个共同的愿望——祝父亲生活更快乐！身体更健康！

（2）6·20父亲节，无论工作再忙也别忘了给父亲打个电话。

（3）6·20父亲节，一定要抽出时间陪父亲吃顿饭啊！

（4）身为父亲的您别忘了自己的节日啊！

（5）日子一天天忙碌着过去，偶尔闲暇时你是否还能记起父亲的节日？

（6）6·20是父亲节，大家来这里留下你对父亲的祝福吧，一句话或几个字，相信父亲们都能收到我们从心中传递的那份深深的祝福。

（7）是否还能记起你远行时在拐角处始终不肯离去的身影，6·20父亲节，记得一声问候啊！

（8）特制菜单名字：感恩父亲节、父亲常健、伟大父爱。

（9）特制菜品名字：父子情深、父子连心。

八、工作分工

1. 总策划：×××

（1）负责"父亲节"整体营销策划方案的制定，讲解方案的核心与细节，协调整合资源。

（2）做总动员，造势！

（3）监督指导各部门对方案的贯彻落实。

（4）图片和短文的写作与整理。

（5）对所有工作的跟进、检查与落实。

2. 方案负责人：×××

（1）负责动员管理人员和全体员工加入到父亲节活动中来，想主意、献点子。

（2）负责征集温馨语句、文章，父亲节特制菜品的名称。

> （3）每天在例会上宣传父亲节活动。
> （4）制定父亲节免费套餐菜单。
> 3. 后勤保障：×××
> （1）负责电话卡、相框、POP用纸张、彩笔、两面胶、胶带等的购买。
> （2）负责打字复印、喷绘、印刷。
> （3）负责照相、洗相片和邮寄。
> （4）购买《常回家看看》、《父亲》等光盘或下载这些歌曲。
> （5）协助礼品的发放。

六、端午节营销

要想在众多的竞争者中吸引顾客的目光，就要有自己的独特的地方。当然，一般端午节更多的是家人朋友聚餐，所以不会是大型的一个宴会，主要是以一两桌的小宴为主。

自从端午节三天小长假开始，给了大家一次聚会的机会，也就给了餐饮行业一个好的营销机会。餐饮行业在这三天的小长假搞促销、推新菜、亮绝活，让人们在短暂的假期享受盛宴。

案例

（1）端午节小长假，餐饮企业精心准备创新菜品迎佳节，其中龙舟赛、鱼嬉汨罗、五谷丰登、神龙闹江等创新菜品的"端午宴"，增添了浓厚的传统文化气氛，令食客耳目一新。

（2）某民俗协会为全面展示地方特色小吃，将于端午节的当天，在该协会办公地点为游客精心准备了50道地方特色小吃，以供品尝。

（3）推出端午特价菜外，当天来就餐的顾客，每桌可免费品尝粽子，或赠送香袋。在端午节当天安排了两场别开生面的女红手艺表演。现场的客人可以一边享受美食，一边在民间艺术家的手把手教授下，亲自感受到女红艺术的不俗魅力。

七、七夕情人节营销

七夕情人节是中国人正牌的情人节。七夕情人节已经被各界商家或媒体宣传得越来越隆重，因此作为餐饮企业，当然也要做好七夕情人节的营销工作。

案例

七夕，许多餐饮企业纷纷出手，端出"寓意菜"。如全聚德以鸭肉搭配海鲜组合成七夕超值套餐，酒楼根据七夕穿针引线"乞巧"的民俗讲究，推出了包括蒜茸穿心莲、五彩金针菇、湘彩腰果虾球等菜肴在内的七夕乞巧套餐，寓意祈福一年"心灵手巧"，以"巧心"、"巧手"，在工作和爱情上得偿所愿，男孩子可以此讨得女孩子的欢心，或是表达自己的祝福和期望。有的则名菜讨了个吉祥名，糖溜卷果取名"甜甜蜜蜜"、鲍鱼菜心取名"心心相印"。

以下是某餐厅七夕情人节活动策划，仅供参考。

【范例】××餐厅七夕情人节活动策划

××餐厅情人节策划书

一、宣传定位

随着餐饮行业的竞争日益加剧，如今个性化发展的时代已经来临，靠一两种餐饮品种就能在市场赚取高额利润的时代已经一去不复返了，只有把自己的餐厅定位成个性餐饮才能在众多同行中立于不败之地。

一家餐馆，如果只有形式上的个性，但煮得一锅烂菜，个性也是苍白的；如果菜品一流，但店堂的装修就像随便到路边捡了几张桌子椅子凑起来的，也是一种遗憾。

如果把××餐厅包装成充满个性的"爱情餐厅"，既可最大限度地利用现有的资源，节约不必要的浪费，又能在充满各种资讯的信息时代让人一目了然、一见倾心、过目不忘，从而用最小的宣传成本获得最大的宣传效果。

由此我们专为××餐厅量身定做了——"最浪漫的爱情餐厅"的宣传主题，在今后的宣传活动中，围绕该主题展开各种丰富多彩的策划活动。

二、宣传背景

七夕情人节已率先调起了商家和消费者的胃口，美丽的玫瑰、可口的大餐，闭上眼睛人们已在憧憬着这个情人节的浪漫时光如何去度过。光打价格战，搞单纯的优惠酬宾等这些雷同的营销策略已很难打动消费者的心，要想脱颖而出，就得独辟蹊径，就××餐厅的独特氛围而言，不妨尝试组织一场温馨浪漫的派对活动，以此来吸引众人的目光。当然成功的活动策划离不开强大的媒体支持。

三、宣传方法

1. 活动主题

相约××，情深意长。

2. 活动参与者

本市实力婚介及电视广告征集的情侣或者临时情侣。

3. 活动流程

第一波：一见钟情。

主要针对在各大婚介报名的单身男女，单身男女们将事先准备好的卡片（里面写有接收人的名字，匿名）交到主持人手中，再由主持人一张一张宣读，并递交给接收人，最后汇总收到卡片最多的前三名为大家表演节目。通过此活动，收到卡片的人可以要求知道是谁送出的卡片，并在双方都愿意的前提下，一起临时报名参加配对节目。

第二波：默契大考验。

主要针对已婚嘉宾，由主持人问数十个问题，比如"你平时最喜欢什么颜色"、"你心情不好的时候会做什么"，然后由情侣嘉宾们在各自的题板上写下答案，最后答案一致多者为最默契情侣，可获得小礼品一份。

第三波：心花为谁怒放。

面对所有嘉宾现场拍卖蓝色妖姬玫瑰一束和珍藏版葡萄酒一瓶，成功竞标者将获得特别礼物一份，寓意是一心一意、天长地久、见证真爱，最接近成功竞标的前5位参与者，将免费获得鲜花一束。

第四波：真情告白。

以上一系列互动活动之后的一个抒情环节，鼓励参加婚介约会的嘉宾勇敢地说，提高现场速派的成功率，并强调最感人的真情告白将获得大奖。

通过此次活动推广和媒体造势，让更多的人了解××、爱上××，让××见证都市生活的浪漫与甜蜜。

四、广告宣传计划

（1）使××音乐餐厅成为时尚男女享受浪漫时光的第一选择，特别是情人节之夜，以迎合情侣的互动活动把气氛推向一个高潮。

（2）着重渲染××别具一格的浪漫情调，力求打造西餐厅的第一品牌形象。

（3）平面宣传和电视宣传相结合。

八、中秋节营销

农历八月十五日，是我国传统的中秋节，也是我国仅次于春节的第二大传统节日。八月十五恰在秋季的中间，故谓之中秋节。我国古历法把处在秋季中间的八月，称谓"仲秋"，所以中秋节又叫"仲秋节"。中秋节来临前，结合餐厅的实际情况和中国传统的民族风俗，开展餐厅销售服务工作，达到经济效益与社会效益双丰收。

以下是某餐厅针对中秋节的促销方案，仅供参考。

【范例】××餐厅中秋节营销策划方案

××餐厅中秋节营销策划方案

中秋节将要来临，结合本餐厅的实际情况和中国传统的民族风俗，为了更好地开展餐厅销售服务工作，达到经济效益与社会效益双丰收，特制定此方案。

一、目标市场分析

本餐厅的顾客主要是中上层人士和政府机关工作人员，要求餐厅提高档次。

二、定价策略

（1）饭菜基本上可以保持原来的定价，但要考虑和中秋节相关的一些饭菜的价格，可采用打折（建议使用这种办法）或者直接降低价格的办法。

（2）针对价格高的饭菜，建议采用减量和减价相结合的办法。

（3）中秋节的套餐（下面有说明）的价格不要偏高，人均消费控制在20～30元（不含酒水）。

（4）其他的酒水价格和其他服务的价格可根据餐厅的实际情况灵活变动，在中秋节的前后达到最低价（但要针对餐厅的纯利润来制定）。

三、营销策略

（1）制作专门适合中秋节的套餐，可以根据实际的情况分实惠、中、高三等，有二人餐、三人餐等类型，主题要体现全家团圆，可赠送月饼（价格不需要太高）。

（2）如果一家人里有一个人的生日是八月十五日，可凭借有效的证件（户口簿或身份证），在餐厅聚餐可享受5～6折（根据餐厅的实际决定）的优惠，建议给他们推荐中秋节套餐。

（3）如果手机和固定电话号码尾号是815（本地区以内），可凭借有效的证件（户口簿或身份证），在餐厅聚餐可享受5～6折（根据餐厅的实际决定）的优惠，建议给他们推荐中秋节套餐，最好是餐厅直接联系这些人。

（4）由于本餐厅暂时没有住宿服务，可和其他的以住宿为主的大型宾馆联合行动，相互介绍客户，这样可以增加客户群，减少一些相关的费用。对这部分客户可用专车接送，同时也建议给他们推荐中秋节套餐。

（5）在饭后赠送一些和中秋节相关的小礼物（上面要印上餐厅的名称、电话、地址、网址）。

（6）活动的时间定于农历八月十日到二十日。

四、推广策略

（1）在餐厅的门口附近、火车站、汽车站放置户外广告（户外广告采用喷绘为主，条幅相结合的形式）。

（2）电视、街道横幅和报纸广告相结合。

（3）可以尝试采用手机短信广告，群发的重点是原来餐厅的老顾客，注意要使用适当的语言，主要介绍餐厅的最新活动。

（4）＿＿＿网站＿＿＿上做个弹出框广告或者比较大的FLASH动画广告或者是banner，网页动画和图片的处理必须要和营销的内容相符合。

（5）也可采用传单广告，但传单的质量必须要高。

注意：以上的广告可同时选择几种，推广的重点在市区，也可向周边的县市推广。广告的受众最低要保证15万人。

五、其他相关的策略

保安必须要保证餐厅的安全；对服务员和相关的工作人员采取制定一些激励政策，调动他们工作的积极性（以后可以细化这个内容）；在大厅里放一些品位高的音乐；上菜的速度必须要快；大厅的布置上不需要太豪华，但要美观大方，表现出中秋节的味道。

六、效果预测

如果推广和相关的服务到位，收入最少是平时收入的1.5倍以上。

九、圣诞节营销

12月25日为圣诞节，可在每年12月15～30日做圣诞晚会促销活动。但圣诞节毕竟是外国人的节日，外资企业又喜欢在圣诞节期间举办年终宴会或圣诞晚会宴请员工，所以此活动大部分都针对外资公司进行促销。至于本土企业，则采用团拜专门宴请员工，由于团拜与圣诞节促销活动时间有冲突，因此团拜期间宴会厅便常出现供不应求的盛况。

> **特别提示**
>
> 若在12月24日圣诞夜之前1个月宴会厅还没有客户预订，或是预订宴会的消费金额不够高，无法达到举办圣诞节特殊活动的收益，便可考虑举办圣诞舞会。

以下是某餐厅针对圣诞节的促销方案，仅供参考。

▼【范例】××餐厅圣诞节及元旦营销策划方案

餐厅圣诞节及元旦营销策划方案

一、活动时间

12月23日至1月5日。

二、活动主题

相约圣诞之夜（圣诞狂欢夜、欢乐优惠在圣诞）。

三、活动说明

每年的12月25日，是基督教徒纪念耶稣诞生的日子，称为圣诞节，是西方国家一年中最盛大的节日，可以和新年相提并论，类似我国过春节。

四、活动内容

（一）场景布置

1. 门口

一服务员装扮成圣诞老人站在门口迎候顾客，迎候语必须是"merrychristmas!"遇上大约10岁以下的小客人则发一粒水果糖。

2. 大堂

中央摆上圣诞树，圣诞树要大，要与大堂的空间协调一致，树上必须有闪烁的彩灯吸引客人的注意。

3. 玻璃门窗

贴上圣诞画，如雪景、圣诞老人等（精品批发市场有现成的出售）。

4. 餐厅

服务小姐头戴圣诞红帽，给每桌客人先上一盘别致的圣诞点心，点心主要有蛋糕、饼干，也可以是平时很受欢迎的宾馆特色点心，周围摆上各式各样的糖果；还可以在盘中藏匿一有奖吉祥物，不同的吉祥物到服务台领取不同的圣诞节小礼物。

5. 过道

用红纸扎成小巧的灯罩，每隔1.5米挂一只，顺着过道挂两列。

（二）圣诞氛围营造

（1）门前广场可设置这样一个场景造型：在雪地上矗立着一座别墅式的房子，房子周围是浓郁的圣诞树，并有着一个美丽的花园，整个房屋透着黄色的、温暖的灯光，透过窗户可看到一家人的身影，正在欢快忙碌着准备圣诞晚会、精心布置圣诞树，圣诞老人正悄悄爬上烟囱，悠扬的音乐从圣诞屋飘出来。整个场景静谧而欢快，有动有静，栩栩如生、充满情趣。

注：音乐是必不可少的，给整个场景增加动感，可以播放一些经典的曲子。

（2）服务员和收银员全部戴一顶红色圣诞小帽子，衬托节日气氛，刺激顾客消费。

（3）划出圣诞商品区域，陈列各种圣诞礼品，圣诞树排成一排，配以各种彩灯、装饰品等，加上海报、音乐等来渲染圣诞氛围，将餐厅变成圣诞晚会的天堂。

（三）促销活动

订餐送手套，订餐满1200元，凭消费小票，赠送一双手套（手套价值5～10元），在手套里还藏有小礼物。

操作说明：手套也是人们不可少的防寒用品，购物送手套，对顾客来说比较实在，将奖券藏在手套里又是一个新颖的促销方式，跟西方的小孩在过圣诞节时在长袜子里得到礼物有异曲同工之妙。

注：赠品还可为一些时尚台历、圣诞礼品、平安符（平安夜赠送平安符）等。

（四）联系外国留学生

（1）组织节目。我们到高校联系欧美国家留学生10多人，邀请他们参加我们的活动，到餐厅大厅与大家一起表演节目，共度平安夜。

（2）赠酒和鲜花祝福，消费者获得意外惊喜。凡当晚到餐厅消费的每桌客人都能得到我们免费赠送的葡萄酒1瓶，并由礼仪小姐向情侣中的女士送一支红玫瑰，并真诚地对他们说："感谢你们光临，我代表餐厅祝你们圣诞快乐，情深似海！"

（3）与留学生同歌共舞，燃烧品牌激情。除了店内的节目之外，我们穿插着让留学生表演节目。他们全部一身牛仔服，流着前卫的发型，个个酷呆了，具有浓厚欧美风格，充满动感和激情的表演引起阵阵掌声和喝彩，许多消费者忘情地与留学生们一起狂歌劲舞，把活动一次次地推向高潮，更让人们乐开怀。

（4）赠送精美照片，留住精彩瞬间。为了让消费者永远留住这一精彩瞬间，永远记住餐厅，可以免费获得我们为其拍摄的精美照片一张，只要留下详细地址和电话，我们都亲自送到。

第四章

餐饮收入费用管理

第一节 营业收入管理

第二节 营业外收入管理

第三节 餐饮店现金收入管理

第一节 营业收入管理

一、菜品收入管理

菜品收入是餐饮店营业收入的主要来源，因此一定要采用各种措施来提高菜品收入。

（一）加大推销力度

要想增加菜品收入，当然首先需要有客人消费，对于菜品的推销就是其中的重中之重，如果店中没有顾客光临，那做再多也是徒劳。

这里的推销，包括对整个餐饮店的推销，即吸引客人来店，也包括在客人点菜时的推销。

大型的餐饮店都有专门营销人员负责进行推销，可是对于一般的餐饮店就没有那么专业，但是也可以采用各种方式进行推销，比如在餐饮店门口悬挂宣传横幅，写出优惠项目，再比如散发传单等。

当客人点菜时，要求负责点菜人员必须相当熟悉餐饮店所有菜品菜式，为客人推荐合适的菜品，而不是一味地让客人点很多菜，从而造成浪费。

（二）保证菜品质量

菜品质量包括菜品特色、菜品味道、菜品盛器、菜品色泽以及菜品搭配5个方面，只有保证了菜品质量，才能拥有更多的回头客。对于菜品质量控制，具体见表4-1。

二、酒水收入管理

饮品收入，是指餐饮店各种饮料及酒水收入。酒水的销售控制历来是很多餐饮店的薄弱环节，因为：一方面管理人员缺乏应有的专业知识；另一方面，酒水销售成本相对较低，利润较高，少量的流失或管理的疏漏并没有引起足够的重视。酒水的销售管理不同于菜肴食品的销售管理，有其特殊性，因此加强酒水销售管理与控制，对有效地控制酒水成本，提高餐饮店经济效益有着十分重要的意义。

（一）酒水销售形式

餐饮店中酒水销售一般采用整瓶的销售方式，偶尔也会采用零杯或配制的销售方式。如有的餐饮店有自己配置的酸梅汁、扎啤等向客人采用按零杯或装瓶的方式销售，既能突出餐饮店的特色，又能满足顾客的不同需求，同时增加了饮品的收入。

表4-1 菜品质量控制方法

序号	方法类别	具体要点
1	菜品特色	（1）聘请好的厨师，厨师要有两三手做特色菜的绝技，而且必须有开拓性，要敢于创新、善于创新、肯于创新和不断创新，要有敬业精神 （2）餐馆经营者应尽最大努力把好原料来源这一关，才能确保菜品具有特色 （3）调料、酱汁，对营造特色出品也是不可或缺的 （4）作为餐馆经营者，要激发餐馆所有人员的创新精神，并引领、启发他们开拓思路，不断开发新品种、创制新口味、丰富新菜单 （5）特色菜品还要讲究每市数量的控制
2	菜品味道	（1）作为餐馆经营者，把好原材料进货的质量关 （2）必须聘请热爱本职工作、乐于进取而又有一定技能、一定创新能力的人来担当厨师的重任 （3）制定本餐馆统一的味道标准 （4）听取顾客反馈，顾客就是最好的把关者，因为他们的餐饮消费点大多不是固定的
3	菜品盛器	（1）美观大方、新颖别致 （2）风格应与餐馆经营风格一致 （3）材质选择需考虑客人兴趣
4	菜品色泽	（1）多了解其他餐馆的菜品 （2）懂得颜色搭配的相关知识 （3）把握顾客在不同时候对不同颜色产生的不同感觉
5	菜品搭配	（1）色彩搭配协调 （2）味道搭配均匀 （3）形状搭配顺眼 （4）荤素搭配有度 （5）中西搭配调和

（二）销售原则

餐饮店的酒水销售，需要遵循的基本原则，具体见表4-2。

表4-2 酒水销售基本原则

序号	原则类别	具体内容	备注
1	价格既符合竞争原则又相对稳定	参考其他餐饮店的销售价格，采用相同的或相差极少的价格来保持竞争力，同时为了稳定顾客心理，一般价格制定后不轻易改动，价格相对稳定	同一地区，档次类型相近的餐饮店竞争会比较激烈，而且酒水销售的内容相差不大
2	零折扣	单位协议折扣、会员卡折扣等一般只适用于菜肴、海鲜等的优惠上，在酒水消费上，几乎所有的餐饮店都在协议或说明里注上酒水消费不打折	
3	谢绝客人自带酒水	自带酒水造成的利润损失占整个酒水流水的二到三成左右，若客人执意坚持自带，一般餐饮店收取一定比例的服务费	

（三）酒水销售策略

要想增加酒水销售收入，是需要讲究一定的销售策略的，一般常用的酒水销售策略，包括以下4种。

1. 减价

依靠降低价格来扩大市场，增加销售量来增加利润，一般来讲这种策略顾客

乐意接受,很多时候餐饮店采取这种策略来排挤竞争扩大市场份额的对手同时增加利润。

> **特别提示**
>
> 减价的幅度要有控制,可以参考短期价格控制法,即:折扣后的销售量达到折前的倍数(折扣前每份产品的毛利额/折扣后每份产品的毛利额),一般来说倍数只有≥3时,降价才有效果。

2. 提价

一般提价策略是不大适用的,因为其违背了酒水销售价格的竞争原则和相对稳定的原则,但是,在旅游旺季特别是当餐饮店极度饱和的情况下,适度提高酒水的销售价格可以极好地弥补因接待量不足而造成的损失,但经营者在提价时必须充分考虑顾客的承受力,提价要适度、谨慎。

3. 对服务员进行培训

对服务员进行培训,提高服务员的酒水推销技能。服务员的主动招呼对招徕顾客具有很大作用。

在客人就餐时,服务员要注意观察客人有什么需要,要主动上前服务。比如有的客人用完一杯红酒后想再来一杯,而环顾四周却没有服务员主动上前,客人因怕麻烦可能不再要了,因此在宴会、团体用餐、会议用餐的服务过程中,服务员要随时注意,看到客人杯子一空即马上斟酒,往往在用餐过程中会有多次饮酒高潮,从而大大增加酒水的销售量。

4. 创造好环境

餐饮店应努力为餐饮消费者创造一个优美舒适的消费环境,以此来提高顾客饮酒的兴致。

三、服务费收入管理

服务费是餐饮店为客人消费的一定比例收取的服务费收入。如今,普通的餐饮店也开收服务费,服务费并不是给服务员的小费,而是店里统一收取的。由于现在餐饮业成本增高,加上租金较高,基本都要收取一定额度服务费。收取服务费国外很早就有,并不是新鲜事,但是有的顾客是无法理解的,因此餐饮店一定要对服务费做好管理工作。

在餐饮店中,可能会遇到有的客人拒交服务费,因此餐饮店要做好各项措施。

(1) 在明显处设置谢绝自带酒水的提示牌明示客人,公开表明餐饮店相关规定。

(2) 当迎宾员发现客人自带酒水时,在带领顾客入座后应立即通知当区领班客人已自带酒水进店,服务员应在第一时间对自带酒水的客人提示本店谢绝客人自带酒水，礼貌的请客人予以配合（轻声耳语或请其离开座位另找地方谈），如客人执意要用，可在开瓶前明示给客人收取酒水服务费的标准（楼面可打印收费标准存于各区，必要时出示给客人）。

（3）统一回答标准，对于回答客人提出的为何要收取酒水服务费的问题时，可以统一回答。

（4）餐饮店为了给回头客留下较大的自主空间，规定如人均消费超过150元，则可自行为客人免去酒水服务费，不再提醒客人收取费用一事。

除去以上几种情况之外，如客人还是拒交酒水服务费，应立即通知相关人员前来处理，根据当时情况在不造成僵局的情况下可适当减免酒水服务费。

四、包房收入管理

餐饮店所收费用与项目价位均需明示，否则即视为违规，但餐饮经营者追求商业利润最大化同样是应受法律保护的正当经营权。

餐饮店包房收费形式，主要包括以下3种。

（一）规定最低消费标准

根据包房大小不同，最低消费额度也不等。如某家餐饮店规定，一般8人的包间，最低消费400元，而最大的包间最低消费则要达到800元。消费者消费时，如果消费金额无法达到最低消费标准，将会提醒消费者另外点菜补齐相关费用。

（二）按人数收最低消费

在部分餐饮店，则是按照人头收取相关费用。如某家川菜馆规定在包房里消费，每人最低消费达到35元，否则不允许进入包间。

（三）直接收取包间费

相对于设置最低消费，有的大型餐饮店收费更加明确，凡是晚上前来就餐的消费者，每人收取30元的包房费。

除了一些档次较低的餐饮店外，规定最低消费标准和收取包房费，在许多高档餐饮店内已经成为"惯例"，而大多数地方，在订餐时，工作人员一般会主动告知顾客消费时的注意事项。

五、折扣会计及税务处理

在餐饮店消费时经常遇到的优惠方式有三种，即赠券、赠菜、抹零。

赠券即指餐饮店根据客人的消费金额赠与其可在一定期限内来本店消费的代

金券，券面金额大小不等，多在20元至50元之间。

赠菜即指餐饮店负责人根据客人的重要程度、消费金额等在其当日来店就餐消费时免费赠与其的菜品。

抹零即指餐饮店吧台收银员在客人用现金结账时，给予其的现金折扣，一般餐饮店给收银员设置的抹零权限不超过10元。

这三种方式实质都是餐饮店给予的折扣，在发生这三种情况时，会计及税务应该如何处理呢？其实这种情况处理的焦点就在于日收入总额及净额的确认。

（一）会计处理

根据审核人员（夜审或日审）报来的日收入报表会计分录，考虑月末要根据商品收入计算应结转的商品进销差的情况，从饮食收入中扣减折扣。

（二）所得税处理

餐饮店的返券，说白了就是一种下次消费打折的凭据，其实质是一种折扣形式。在计算缴纳企业所得税时，纳税人的返券部分不计收入，按其实际收到金额计入收入，成本按实际发生核算。

第二节 营业外收入管理

一、酒水商进场费

现在，许多酒水是由酒水商委托餐饮店进行代卖，主要包括收取手续费和视同买断两种方式。

（一）收取手续费

收取手续费方式，指的是餐饮店根据代销酒水的数量向委托单位收取手续费的一种方式。餐饮店在酒水销售后，按应收取的手续费确认收入。

（二）视同买断

视同买断方式，指的是由餐饮店和委托方签订协议，委托方按合同注明的价款收取所代卖酒水的货款，商品的实际销售价格由餐饮店自己决定，实际销售价款与合同价款之间的差额归餐饮店所有的方式。

视同买断方式下，委托方并没有把酒水交付给餐饮店，因此所有权上的风险和报酬没有转移给餐饮店，餐饮店不能作为购进商品处理。餐饮店在将酒水销售出去之后，按实际销售价格确认收入，向委托方开具代销清单。

【范例】餐饮店酒水购销合同

餐饮店酒水购销合同

甲方（供货方）：

乙方（购货方）：

甲乙双方本着共同发展、诚实守信、互惠互利的原则，为了明确甲乙双方的责任和义务，经甲乙双方共同协商，达成协议如下。

一、双方责任

1. 甲方责任

（1）甲方提供的所有产品，质量必须符合国家有关部门的质量要求，否则一切后果由甲方负责。如果出现质量问题假一赔十，并承担给乙方和顾客造成的危害和法律责任，乙方有权终止协议。

（2）在乙方订货后，甲方必须在____小时内到货，特殊情况甲乙双方另行约定。

（3）如甲方擅自涨价，乙方有权终止协议，甲方并承担一切后果。

（4）甲方给乙方的产品价格如有调整（调升），甲方须提前一周向乙方声明。乙方有权决定是否同意，如乙方不同意则有权要求继续履行或终止本协议，乙方选择终止本协议的，甲方应承担违约责任。

（5）甲方负责送货到乙方指定的地点（指明：如有变更，乙方需书面通知甲方），由甲方承担运输费用。

2. 乙方责任

（1）乙方应配合把甲方所有的产品摆在吧台上作为展示。

（2）乙方每月必须提供准确、真实的销售情况，并及时向甲方业务反应。

（3）按照双方协商的结算方式在合同期内结算货款。

（4）乙方购进的产品如果销售不畅，任何品牌的酒水，随时可调换别的产品或原价办理退货。

二、结算方式

（1）按照甲乙双方认可的报价单价格订货后，第一批货到乙方指定的地点，并经乙方指定人员凭甲方出库单对账入库后，先付给甲方总货款的____%，余额作为质量保证金待合同解除时结清，甲方根据首批进货量的____%，分别作为节日和开业庆典的优惠赠送。

（2）双方协商的结算方式：实销实结（不包括首批进货），每月____号结清货款。乙方如有拖欠甲方货款，逾期超过____个月，甲方有权终止协议，并收回所有进店支持，特殊情况双方协商解决。

（3）甲乙双方在规定的对账期内对账，其对账依据为甲方每次送货出具的销售单据，该销售单据上必须有乙方指定人员的签收凭证。

（4）甲方与乙方签定合同之日起，乙方不得销售其他任何公司提供的与甲方报价单内相同的产品，否则甲方有权停止供货及要求乙方付清以前所有货款及进店支付费用，甲方没有经营的品牌，乙方可自行选购。

三、损耗残次品处理

（1）甲方送货到乙方指定地点，乙方应及时以甲方开出的出库单为凭据对账，如出现破损，由甲方负责调换。

（2）甲方应在饮料过保质期前的半个月内办理退货。

四、合同期限

本协议有效期限____年__月__日至____年__月__日止，协议期满一个月内，甲乙双方协商是否续约。本合同期内，甲乙双方有特殊情况不能履约，须提前一周以书面形式通知对方，并承担相应的法律责任及经济损失。

五、违约责任

未经甲乙双方同意，任何一方无权中途终止协议，如有违约，履约方有权向违约方索赔损失，赔偿损失不得低于一方年销售额的____%（如有特殊情况，一方不能履行合同，应提前联系，但并不免除其违约责任）。

六、甲乙双方互利

（1）甲方给乙方免费提供：_____。以上赠品在首批进货后__日之内必须到位，在规定期限内未到，甲方赔偿乙方由此带来的损失（不低于首批进货额____或指定品牌型号），合同期满后以上赠品归乙方所有，甲方无权干涉。

（2）甲方给乙方进店费___元，在正式签订合同后___日内现金一次性付清，如规定期到未付清，甲方按每日___%的滞纳金赔偿乙方。

（3）每月结算时甲方按___%作乙方的返利，并现金兑现瓶盖费。

（4）乙方有产品需求须提前___小时之内与甲方业务联系，以免影响正常使用，否则出现其他后果，甲方概不负责。

七、其他

本协议未尽事项，甲乙双方另行协商。本协议一式两份，经双方代表签字盖章生效，甲乙双方各执一份。

甲方（公章）：　　　　　　乙方（公章）：

法人：　　　　　　　　　　法人：

日期：　　　　　　　　　　日期：

（三）酒水超市

现在，越来越多的餐饮店平价设立了酒水超市，销售价格和平价超市一致，其中可供顾客选择的品种有几十种，几乎包括市场上所有的大众酒水品牌。

设立酒水超市可以方便顾客，让利于顾客，自带酒水现象会大幅度下降。与其让顾客出去买，不如方便顾客，提升店内人气，设立酒水超市，上座率将会大大提高。

二、广告收入

不要认为餐饮店只有广告支出费用，如果能合理利用店内外的各种载体，同样也可以获得广告收入。这里的广告收入指的是商家在餐饮店所做的广告，从而收取的广告费用。比如，餐饮店所使用的餐桌上印上××饮料的宣传广告，这当然是需要收取广告费的；又比如遮阳棚，也可以印上广告收取一定的费用。

如果你的餐饮店刚好有一个外墙，并且在签订租赁合同时注明该外墙使用权是属于餐饮店的，然而并不适合做餐饮店广告，那可以寻找合适的商家做广告，从而赚取费用。

三、物业使用收入

这里的物业使用是指借用餐饮店的物业，从而收取的费用。比如有的酒水商是直接派驻酒水推销员进行酒水推销，餐饮店可以从中收取费用。此外，有的小摊贩在餐饮店门口卖商品，也可以收取一定费用。

四、废品收入

变废为宝，餐饮店的许多废弃物，如废纸皮、酒瓶、饮料瓶等不要扔掉，可以定期进行整理，然后卖掉。现在有许多的废品回收店，可以与一家店长期合作，让其定期来收取，这样既显示了餐饮店的环保意识，同时也无形中增加了收入，可以说是百利而无一弊。

要管理好餐饮店的废品，一定要做好各项垃圾的分类，因此这并不是一个人就能做到的，在平时就要每个员工注意垃圾的管理，做好垃圾的分类管理工作，还可以有效预防传染性疾病的发生。

第三节 餐饮店现金收入管理

一、了解国家现金管理规定

餐饮店要做好现金收入控制与管理，首先必须熟悉国家对现金管理的相关规定，以便符合法律要求。

（一）需要使用现金和禁止使用现金情况

（1）因采购地点不确定、交通不便、抢险救灾以及其他特殊情况，用转账结算不够方便，必须使用现金的，要向开户银行提出书面申请，由本单位财务部门负责人签字盖章，开户银行审查批准后，予以支付现金。

（2）在银行开户的个体工商户、农村承包经营户异地采购的货款，应当通过银行以转账方式进行结算。因采购地点不确定、交通不方便必须携带现金的，由客户提出申请，开户银行根据实际需要予以支付现金。

（3）未在银行开户的个体工商户、农村承包经营户异地采购，可以通过银行以汇兑方式支付，凡加盖"现金"字样的结算凭证，汇入银行必须保证支付现金。

（4）对个体工商户、农村承包户发放的贷款，应以转账方式支付。对于确需在集市使用现金购买物资的，由承贷人提出书面申请，经开户银行审查批准后，可以在贷款金额内支付现金。

（5）开户单位购置规定的专项控制商品，必须采取转账结算方式，不能使用现金。

（二）库存现金限额规定

现金的库存限额，是指为保证各单位日常零星支付，按规定允许留存现金的最高数额。按《现金管理暂行条例》及其实施细则的规定，库存现金限额由开户银行根据各单位的实际情况来核定。

其限额一般不超过企业3～5天的日常零星开支的需要量，而离银行较远，交通不便的单位，可以放宽限额，但最长也不得超过15天的日常零星开支。

对没有在银行单独开立账户的附属单位也要实行现金管理，必须保留的现金，也要核定限额，其限额包括在开户单位的库存限额之内。商业和服务行业的找零备用现金也要根据营业额核定定额，但不包括在开户单位的库存现金限额之内。

（三）现金坐支

坐支，是指从单位的现金收入中直接用于支付各种开支。坐支现金，容易打乱现金收支渠道，不利于开户银行对单位的现金进行有效的监督和管理，所以，一般情况下，是不准坐支现金的。

按照《现金管理暂行条例》及其实施细则的规定："开户单位支付现金，可以从本单位现金库存中支付或者从开户银行提取，不得从本单位的现金收入中直接支付（即坐支）。""需要坐支现金的单位，要事先报经开户银行审查批准，由开户银行核定坐支范围和限额。坐支单位必须在现金账上如实反映坐支现金，并按月向开户银行报送坐支金额和使用情况。"

一般情况下，企业可以在申请库存现金限额申请批准书内同时申请坐支，说明坐支的理由、用途和金额，报开户银行审查批准，也可以专门申请批准。允许坐支的单位主要包括如下4类。

（1）基层供销社、粮店、食品店、委托商店等销售兼营收购的单位，向个人收购支付的款项。

（2）邮局以汇兑收入款支付个人汇款。

（3）医院以收入款项退还病人的住院押金、伙食费及支付输血费等。

（4）饮食店等服务行业的营业找零款项等。

（四）现金管理"八不准"

按照《现金管理暂行条例》及其实施细则的规定，企业、事业单位和机关、团体、部队现金管理应遵守"八不准"。

（1）不准用不符合财务制度的凭证顶替库存现金。

（2）不准单位之间相互借用现金。

（3）不准谎报用途套取现金。

（4）不准利用银行账户代其他单位和个人存入或支取现金。

（5）不准将单位收入的现金以个人名义存入储蓄。

（6）不准保留账外公款（即小金库）。

（7）不准发行变相货币。

（8）不准以任何票券代替人民币在市场上流通。

二、单据控制——单单相扣、环环相连

单据控制是餐饮店现金收入日常控制的最主要手段，单据控制最重要的是注意"单单相扣、环环相连"。

餐饮店的现金收入主要包括现金、餐单、物品三个方面，这三者的关系，具体如图4-1所示。

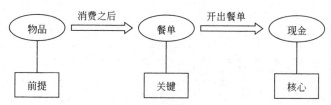

图4-1　现金、餐单、物品三者关系

通过图4-1可以看到，将餐饮店的物品供客人消费，然后开出餐单，最后就收回现金，在这三者中，物品是前提，现金是核心，而餐单是关键。因此，餐饮店要想管理和控制餐饮店现金收入就须将物品传递线、餐单传递线、现金传递线协调统一起来。

三、物品传递线

（一）物品传递

通常所说的物品传递与管理控制的物品传递是不一样的，具体如图4-2所示。

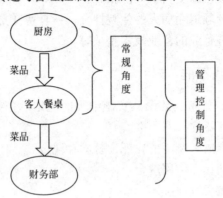

图4-2 物品传递

餐饮店物品的传递是指菜品从厨房取出到送至客人餐桌为止，可是从管理控制的角度上看，应将这部分物品传到财会部算出成本为止。

（二）物品传递步骤

餐饮店的一般物品传递步骤，主要餐单为"取菜单"，取菜单是一式四联，分别为收银联、留存联、取菜联、传菜联。物品传递步骤，具体如图4-3所示。

第一步	餐厅服务员首先根据客人的要求，开出一式四联的取菜单
第二步	餐厅服务员把一式四联的取菜单交给收银员盖章
第三步	收银员留下一联收银联，用于开立或打印餐单，其他三联退还给服务员
第四步	服务员给自己留下一联留存联，把取菜联和传菜联送到厨房
第五步	厨房根据取菜联制作菜品
第六步	传菜员核对传菜联后将菜品送到餐厅
第七步	下班结束后，厨师把取菜联或传菜联整理好交其主管
第八步	厨房主管将交来的取菜联或传菜联汇总、整理，交予内部稽核人员（日审）

图4-3 物品传递步骤

四、餐单传递线

餐单在传递时也有一定的路线，以保证每一环节都服从管理和检查核对的需要。

一般餐饮店的餐单传递步骤，具体如图4-4所示。

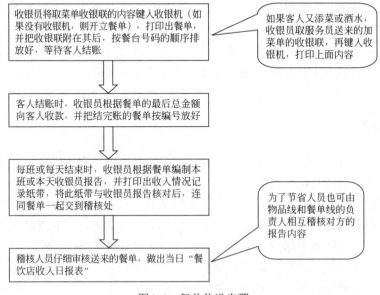

图4-4　餐单传递步骤

五、现金传递线

餐饮店现金的传递步骤，具体如图4-5所示。

图4-5　餐饮店现金传递步骤

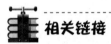**相关链接**

餐饮店常见结账方式

餐饮店收银员常见结账方式一般有两种：柜台形式和餐台付款。

（一）柜台形式

柜台形式就是让客人自己到收银台付款，这种方式容易导致收银员作弊，出现问题。

（二）餐台付款

餐台付款是由服务员从收银台取来餐单，把餐单放在托盘上，送到餐台递给客人，客人检查核对餐单上的明细科目后，把钱放在托盘上，由服务员交到收银台并负责找零。

现在已被普遍采用餐台付款结算方式，因为不但可以避免收银员直接与客人接触，减少错弊发生的机会，而且为客人提供了全方位的服务，方便客人。

六、保持三线统一

物品线、餐单线、现金线既相互独立，又相互影响，餐饮店要做好现金收入管理就要将三条线有机地结合在一起。

虽然，物品线与后两条线相比似乎是独立的，因为负责人都是另设的，其实物品线和取菜单线之间是一条连线，厨师依靠取菜单上菜，而取菜单又是餐单计算的基础，因此问题的焦点就集中在取菜单与其他餐单的统一问题。

比如，走餐就是由于取菜单和餐单不同，取菜单项目多于餐单项目造成的；走单则是取菜单整体丢失，无法和餐单一一对应，使得他人可以有机可乘，贪掉餐单上的款项。

七、关键控制点

现金收入的两大关键控制点，具体如图4-6所示。

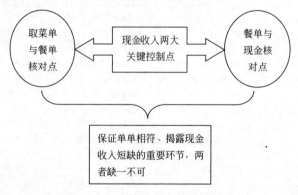

图4-6　现金收入两大关键控制点

如果缺少取菜单与餐单核对点就难以弄清楚应记入餐单的账目是否都已记入，而且也难以发现跑漏账款现象，而一些诸如一单重复收款、私自让客人用餐等舞弊行为更难以及时揭露。

如果缺少餐单与现金核对点，就难以发现和控制应收账款是否全部收入以及现款短缺等现象。

（一）取菜单与餐单核对点

餐饮店的收入稽核人员将交来的取菜单与餐单进行核对，检查或测试餐单上的项目是否与取菜单上的项目相符，有无遗漏。

餐饮店常见餐单与取菜单不相符的情况，具体情况和原因见表4-3。

表4-3 常见餐单与取菜单不相符的情况分析

序号	具体情况	原因分析
1	取菜单项目多于餐单项目	客人在点完菜后加菜，客人所加菜做好后，应及时通知客人，否则如果客人已经离去，就会造成少收入现象，损害餐饮店利益
2	在客人加完餐后，餐单项目多于取菜单	后加菜的取菜单发生丢失，由于现金与餐单核对上，没有造成损失，但应及时补全丢失取菜单，并由有关负责人签字，以防人从中做手脚谋利
3	客人没有加餐，而取菜单项目多于餐单项目	高度重视，是否是员工故意隐瞒或与客人串通，还是属于核算问题
4	客人没有加餐，而取菜单项目少于餐单项目	（1）如果现金与餐单可以对上，则对餐饮店没有实质影响 （2）如为客人多付餐费的情况，应及时通知客人，把多付款项退还给客人 （3）如果现金与餐单无法对上，有可能一部分现金被员工利用工作之便贪掉

（二）餐单与现金核对点

餐饮店的收入核对，不仅要进行取菜单和餐单的核对，还应与餐饮店收入日报表中的现金结算数（其中包括银行支票与出纳员报告及银行存款回单等有关餐单的数额）进行核对，从而，编制现金收入控制表，并对现金溢缺写出追查结果报告。

在核对时，一般会出现以下情况，具体如图4-7所示。

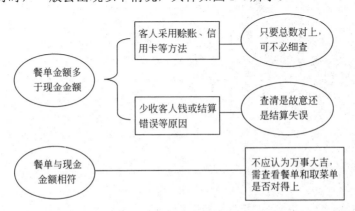

图4-7 餐单与现金核对情况分析

第五章

餐饮成本费用控制

第一节 菜品成本控制

第二节 人事费用控制

第三节 经常性支出费用控制

第四节 外包业务费用控制

第一节 菜品成本控制

一、菜品生产前控制

生产前包括采购、验收、储存和发放,具体见表5-1。

表5-1 菜肴生产前控制

序号	类别	控制方法	备注
1	采购控制	(1) 严格编制厨房采购明细单,厨师长或厨部的负责人每天晚上根据餐饮店的经营收支、物资储备情况确定物资采购量,并填制采购单报送采购部门 (2) 严格控制采购数量,在决定采购数量时,既要综合考虑市场的行情(如下个月的燃料油价将上涨,现在就可以大量购进),又要考虑储存时的人力和电力等费用 (3) 严格采购询价报价体系,专门设立物价核查制度,定期对日常消耗的原辅料进行广泛的市场价格咨询	
2	验收控制	检验购进的食材的质量是否符合厨房生产的要求,数量和报价是否和订货量一致	
3	储存控制	(1) 保证各种食材的质量和数量,尽量减少自然损耗 (2) 注意掌握各种食材的日常使用和消耗动态,合理控制库存,加速资金周转 (3) 科学地整理、分类存放各种食材,便于收发盘点	
4	发放控制	(1) 鲜货管理员应该统计出当天的鲜货入厨的品种、数量、金额 (2) 干货调料在发放时应该严格根据领料单发货 (3) 规范干货调料的发放时间和次数,避免随便领料,减少浪费	

二、菜品生产中控制

(一)加工

加工过程包括了食材初加工和细加工,初加工是指食材的初步整理和洗涤,而细加工是指对食材的切制成形,餐饮店经营者要在这个过程中对加工净出率和数量加以严格控制。

食材的净出率即食材的利用率。加工数量应以销售预测为依据,满足需要为前提,留有适量的储存周转量,避免加工过量而造成浪费,并根据剩余量不断调整每次的加工量。

(二)配份

配份过程的控制是食品成本控制的核心,也是保证成品质量的重要环节。
在配份中应执行规格标准,使用称量、计数和计量等控制工具。通常的做法是每配两份到三份称量一次,如果配制的分量是合格的可接着配,当发觉配量不准,那么后续每份都要称量,直至确信合格了为止。

在配份过程中,可以采用标准菜谱、菜点投料单、标量菜单对菜品进行控制。

1. 标准菜谱

一般来说,标准菜谱基本上是以条目的形式,列出主辅料配方,规定制作程序,明确装盘形式和盛器规格,指明菜品的质量标准、成本、毛利率和售价。标准菜谱的制定形式可以变通,但一定要有实际指导意义,它是一种菜品质量控制手段和厨师的工作手册。

2. 菜点投料单

菜点投料单是厨房为餐饮店客人所设的,它是根据菜品的基本特点从简单易懂的方式列出主、配料及各种调味料的名称和数量。一般来说,菜点投料单应以表格的方式放在配菜间明显的位置。

3. 标量菜单

标量菜单就是在菜单的菜品下面,分别列出每个菜品的用料配方,以此来作为厨房备料、配份和烹调的依据,同时菜单是客人点菜所需,可使客人清楚地知道菜品的成分及规格,也起到了让客人监督的作用。

(三)烹调

从烹调厨师的操作规范、制作数量、出菜速度、剩余食品等几个方面加强监控,具体见表5-2。

表5-2 烹调过程的控制

序号	类别	具体内容
1	操作规范	必须督导炉灶厨师严格按操作规范工作,任何图方便的违规做法和影响菜肴质量的做法都应立即加以制止
2	制作数量	应严格控制每次烹调的生产量,这是保证菜肴质量的基本条件,少量多次的烹制应成为烹调制作的座右铭
3	出菜速度	在开餐时要对出菜的速度、出品菜肴的温度、装量规格保持经常性的督导,阻止一切不合格的菜肴出品
4	剩余食品	剩余食品在经营中被看作是一种浪费,即使被搭配到其他菜肴中,或制成另一种菜

三、菜品生产后控制

生产后的成本控制主要体现在实际成本发生后,将各项成本率和计划成本率提供给餐饮部进行比较、分析,找出问题、分析原因、及时调整,为下一次制定生产预测和计划提供依据,为餐饮店赢利。

(1)将昨日理论成本与鲜货管理员报来的昨日直拨厨房总额和干货管理员报来的昨日厨房领货总额对比,找出差异的原因。发生差异的原因有以下6点。

① 昨日领货过多，厨房有大量剩余的食材或半成品，或前天剩余过多，导致昨日领货较少。

② 标准配方卡不准确。

③ 菜肴的分量可能偏离了标准，生产环节可能发生了浪费。

④ 采购环节或验收环节可能出现了问题。

⑤ 是否有些食材的价格最近波动较大？这些价格的波动能导致哪些菜肴的成本发生变化？这些菜肴每天销售了多少？能造成多大的影响？是否建议相关部门做售价调整？

⑥ 销售排行前几名的单项菜肴的毛利率是否偏高？最不受欢迎的菜肴有什么问题？为什么不受欢迎？是厨师的因素还是市场的因素？是否需要调整？

（2）不考虑厨房库存因素，每半月对菜肴的成本进行一次分类汇总，并参加成本分析会，通报半月以来的菜肴成本控制情况。

（3）每月底对厨房进行盘点，并考虑存货退料情况，做月底成本综合分析。

第二节　人事费用控制

一、确定员工工资

工资是指员工每月领取的基本工资，不包括补贴、分红，是餐饮店付给员工预先确定数额的主要劳动报酬，在确定员工工资时一定要适度，过低不利于稳定员工队伍，过高则会增加餐饮店经营成本。

（一）确定原则

员工工资与员工岗位的职责挂钩，尤其是负有管理和经营责任的管理岗位，包括主厨和领班，要根据其实际水平和业绩增减。

如果是新开张的餐饮店，尚无经济效益可言，在员工工资问题上必须坚持以下3点。

（1）无论是否有相应的工作经历，都必须经过招聘考核和试用期的考察。

（2）在思想、技术、作风和纪律等方面都符合餐饮店提出的要求后，才能按照餐饮店规定的岗位基本工资标准领取工资。

（3）为了稳定员工队伍，吸引工作表现好、经验丰富的员工长期为餐饮店工作，应按年逐步增加其基本工资。

（二）确定程序

对于餐饮店员工工资的确定程序，主要包括以下3步。

（1）试用期工资，一般为所在岗位基本工资的60%～80%，且没有奖金或其他福利。

（2）岗位基本工资，根据餐饮店效益及其他奖金、福利制定。

（3）岗位基本工资的增加，按在餐饮店的工作年限增加工资额及相应福利。

比如，所在餐饮店的服务员岗位基本工资为月薪1300元，则试用期工资为月薪1100元，试用期满后每工作满一年，月薪增加200元，最高至1800～2000元，其他岗位可参照这一方法相应制定。

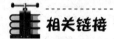

发放工资是一门学问

不要以为发工资是很简单的事情，如同穿衣吃饭那般平常，工资到底应该怎么发，其实是有学问的，当然，这里针对的是现金的发放，如果是直接存入员工工资卡中，在这里就暂不讨论。

（一）工资老板自己发

工资最好是由老板本人亲自来发，但是需要注意如下2个事项。

（1）在发工资时，和颜悦色、保持微笑，把钱给员工，说声谢谢，不要板着个脸，让双方都感到不愉快，反正都是发钱，为啥不让员工更加高兴呢。

（2）发钱时是最好的教育时机，员工在拿钱时，回顾自己当月所做工作，想起在工作中曾出现过的敷衍了事、丢三落四等状况，心里自然会涌现一点对公司、对老板的愧疚感，老板可以发钱之后，微笑说上几句，员工更加听得进去。

（二）旧钱比新钱好

许多经营者认为，给员工发工资，一百块的新钞显得整洁大方，不过，这样几千块钱会显得只是薄薄的一叠，看起来没多少，影响到员工领工资的感觉，但是改发旧钞，钞票面额改为五十块的，同样的金额，厚度就不言而喻了。

（三）工资、奖金分开发

发钱，是最简单，也是很有效的激励手段，一般在发工资的前后几日，员工的态度和工作积极性都有一定程度的提升。但是，大多数经营者往往每月只发一次钱，把工资、津贴和奖金合并在一起发下去，简单省事。不过，若是把工资、奖金、津贴都分开发的话，每月多发几次钱，自然增加激励员工的机会。若有条件，还可以考虑把福利品和薪资也分开发放，无非就是多花费点时间多发几次钱而已，但可以让员工持续保持一个较好的工作态度。同样是发工资，改变一些方法和形式，同样的钱，却可以带来更好的收益，何乐而不为呢？

二、制定员工奖金

许多餐饮店为了激励员工，都会采用奖金方式，如季度奖、年终奖等，因此，奖金也是人事费用中的一个重要组成部分，但是，如何对员工奖金进行管理，则是一个问题，以下提供一份某餐饮店的员工奖金管理制度，仅供参考。

▼【范例】餐饮店奖金制度

餐饮店奖金制度

一、目的

本店所制定的奖金除对从业员工之间的尽职程度、服务及贡献程度等给予其评定外，对于员工福利及内容包括制度，亦详加规定。

二、适用范围

凡任职满14日以上的正式任用员工皆适用；部分奖金支付办法，可适用于兼职员工。

三、具体内容

本规则所制定的奖金，包括模范员工奖、礼貌奖、最受欢迎奖、工作绩效奖金、考勤奖金、激励奖金、全勤奖金、年节奖金、年终奖等。

（一）模范员工奖

每月由各主管员工依工作敬业态度及考核成绩，挑选一至两名工作表现优异的从业员工（含兼职员工）呈人事科评核后，于每月月初发放500元礼券一张，以激励员工士气。

（二）礼貌奖

为加强顾客对本店有良好的印象并培养同仁间的默契，增加各部门的配合度，每月由各主管员工挑选最具礼貌的员工一名，每月初发放500元礼券一张。

（三）最受欢迎奖

为使同事间能够相处融洽并让顾客感受到本店亲切的服务态度，每月由各部门全体同仁间推选一名最受欢迎员工，除在每月月初发放500元礼券一张外，还要在公布栏内颁布，可让顾客分享其喜悦。

（四）工作绩效奖金

由各部门主管员工视当月各人勤务的表现（包括工作效率、服务态度、敬业精神、出勤率、贡献度等多项评核）进行考核，并依据考核成绩核发工作绩效奖金，其核发标准见下表。

工作绩效奖金核发标准

分数	95以上	95~90	89~80	79~70	69~60	60以下
奖金	2500元	2000元	1500元	1000元	600元	0

（五）考勤奖金

依据全年度员工勤务表现及贡献程度，按下列规定发放标准支付。

（1）勤务满一年以上，其年度考核成绩平均在80分以上者，则支付半个月的本薪作为当期绩效奖金。

（2）勤务满半年以上，其考核成绩在85分以上者，则依其勤务月数乘以半个月的本薪比率作为当期绩效奖金。

（3）勤务未满半年者，原则上不予以发放，但表现优异者，可经由各部门主管员工呈人事科评核后，酌量奖励。

（六）激励奖金

为激励员工缔造经营佳绩，并争取自我加薪及自创福利机会，可依照下列规定评核。

平均三年内营业总额÷365日（一年）×1.10＝月业绩目标（基础目标）

（1）每周内连续2日（不含旺季及法定节假日）超过基础目标，则于次周发放激励奖金：经理（副理）5000元礼券一张；管理员工1000元礼券一张；基层员工500元礼券一张。

（2）连续两周内突破基础目标时，则在第二周奖金加倍发放。

（七）全勤奖金

员工在规定勤务时间内按时上下班且未有舞弊者，可按下列规定予以奖励。

（1）全月无请假、迟到、早退、私自外出时，则每月发放全勤奖金200元以兹鼓励，但以正式任用员工为限。

（2）兼职员工累计达176小时以上，无请假、迟到、早退、私自外出时，则给予全勤奖金200元以兹鼓励。

（3）会计年度期间（从1月1日起至12月31日止）正式任用员工及兼职员工，全年度皆为全勤者，于农历过年后第一天上班团拜时，当场予以表扬并发放1000元奖金以兹鼓励。

（4）新进员工自任职日起至会计年度终了为止，任职满6个月以上无缺勤记录且考核成绩在85分以上者，可给予其奖励。

（八）年节奖金

为加强员工向心力并犒赏员工平日的辛劳，于端午节及中秋节分别给予酌量奖金以兹鼓励。其支付规定如下。

（1）满一年以上的正式任用员工，则支付全额奖金；兼职员工服务满一年以上者，则支付半额奖金。

（2）满六个月以上的正式任用员工，则依实际勤务月份÷12×奖金额，即为该期间年节奖金，兼职员工则不予以计算。

（3）未满六个月以上的从业员工，则不予以计算。
（4）支付金额，则由公司视该员工成绩，另行制定。
（九）年终奖金
视当年度经营状况及个人贡献程度、出勤率、考核成绩等，依其成绩比例发放，其规定如下。
（1）服务满一年以上的正式任用员工，支付一个月份基本薪资作为年终奖金，兼职员工则半额支付。
（2）服务满半年以上者，按实际勤务月数比率核算，兼职员工则不予以支付。
（3）服务未满半年以上者，则不予以发放。
本规则自××年×月×日起开始实施。

三、员工福利

福利是对员工生活的照顾，是公司为员工提供的除工资与奖金之外的一切物质待遇，是劳动的间接回报。

根据福利内容，可以划分为法定福利和餐饮店福利。

（一）法定福利

政府通过立法要求餐饮店必须提供的福利，如社会养老保险、社会失业保险、社会医疗保险、工伤保险、生育保险等。

（二）餐饮店福利

用人单位为了吸引员工或稳定员工而自行为员工采取的福利措施，如工作餐、工作服、包食宿、团体保险等。

餐饮店如果为员工提供住宿，一定要管理好宿舍，最好可以制定一个宿舍管理规定，以达到规范化管理。

餐饮店可以制定一个标准的福利制度，以此规范全体员工福利的发放。

四、员工招聘费用控制

餐饮店招聘员工需要一定的费用，如招聘场地费、会议室租用费、广告牌制作费、往返车费、食宿费以及其他人工成本费用。

因此，如果不是特别需要，可以减少招聘次数，从而节省招聘费用。最重要的是，要降低员工的流失率，最终减少员工招聘。

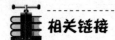

相关链接

招聘环节把关，降低员工流失率

目前，餐饮店的员工流动率是非常高的，要善用员工、留住员工为餐饮店效力，不仅要留住员工的人，更要留住员工的心，真正关心和照顾好每一个员工。

合理的流失率有利于保持活力，但如果流失率过高，将蒙受直接损失（包括离职成本、替换成本、培训成本等）并影响到餐饮店工作的连续性、工作质量和其他员工的稳定性，因此要做好防范措施，降低员工流失率。

应该从员工招聘入口把好关，起到"过滤层"作用，"淘"进合适员工，在成功招聘员工的同时，又能保持员工在餐饮店发展的可持续性，为降低员工流失率起到防微杜渐作用。

（一）员工思想

在员工招聘时从战略上考虑到员工在餐饮店的持续发展性，为降低员工流失率起到第一层过滤防范作用。

1. 价值取向

成功的员工招聘应该关注员工对组织文化、价值追求的认可程度。与餐饮店文化不能融合的人，即使是很有能力和技能的员工，对餐饮店的发展也会有不利之处。在进行筛选工作的时候，于开始就应该让应聘者充分了解餐饮店的工作环境、餐饮店文化。

2. 团队融合度

在招聘过程中，除了关注员工基本素质外，还应认真分析拟任团队结构特点，如团队成员的学历、性别、年龄、观念、价值取向等，尽量减少不必要的员工团队磨合成本，增加员工与团队的融合度。

3. 招聘与培训有机结合

在招聘员工时更多的应是考虑员工的长远发展。对新聘员工在上岗前针对岗位要求进行导向性培训（包括环境介绍、业务熟悉、了解工作关系、了解餐饮店文化等），让员工适应岗位。

（二）对应聘者坦诚相见

招聘员工需要给应聘者以真实、准确、完整的有关职位的信息，才可能产生雇员与餐饮店匹配的良好结果，从而带来比较低的流失率。

（三）告知餐饮店发展前景

餐饮店发展前景是留住员工因素之一。首先，餐饮店在招聘员工的过程中应明确告知餐饮店的战略和发展目标是否长远；其次，餐饮店内部管理的机制是否合理，包括餐饮店的管理策略、员工观念、餐饮店管理的价值观。

如果员工感觉餐饮店的发展前景不明朗，目标或愿景无法实现，在这种情况下，员工会认为即使自己努力也不会有结果，那么不会选择努力工作而会选择离开。

（四）引入职业生涯计划概念

在应聘者进餐饮店时如何根据其个性特点、岗位性质量身设计职业生涯计划呢？在招聘员工时，不同岗位的员工其职业生涯计划应采取不同的策略。

如果在应聘者进入餐饮店时，就让其有了职业生涯的概念，对未来有一份憧憬，其选择留下，会为自己的职业生涯而努力，为餐饮店的发展和自己的发展坚定地留下来。

五、员工培训费用

员工培训包括新入职培训和在职培训。为了提高员工的基本素质，需要对员工进行培训。不要认为培训会花费钱，培训可以吸引员工、培养员工、留住员工，提高餐饮店的核心竞争力。如果培训达到预期效果，可以激发员工的个人潜能，从而提高员工工作积极性。

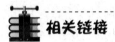相关链接

培训费用由谁承担

《劳动法》第六十八条规定："用人单位应当建立职业培训制度，按照国家规定提取和使用职业培训经费，根据本单位实际，有计划地对劳动者进行职业培训。从事技术工种的劳动者，上岗前必须经过培训。"

由此可见，用人单位为劳动者进行岗前培训等一般培训，是用人单位应尽的法定义务，同时也是劳动者享有的法定权利。因此，用人单位不得要求劳动者承担岗前培训产生的培训费用，也无权向劳动者追索这些培训费用。

《劳动法》第三条规定："劳动者享有平等就业和选择职业的权利、取得劳动报酬的权利、休息休假的权利、获得劳动安全卫生保护的权利、接受职业技能培训的权利、享受社会保险和福利的权利、提请劳动争议处理的权利以及法律规定的其他劳动权利。劳动者应当完成劳动任务，提高职业技能，执行劳动安全卫生规程，遵守劳动纪律和职业道德。"

六、人事费用控制方法

（一）设定服务质量标准

仔细考察员工的能力、态度及专业知识，然后订出一个期望的生产率，如果实际的生产率无法达到预估的水准，就要彻底分析，查找其中原因。

（二）决定标准生产率

标准生产率可由两种方法来订，具体如图5-1所示。

图5-1 标准生产率制定方法

这两种方法都可以清楚算出服务员工的平均生产率，以此可以作为排班的根据。

（三）员工分配

根据标准的生产率，配合来客数量的不同进行分配，分配时需注意每位员工的工作量及时数是否合适，以免影响工作质量。

某餐饮店共有五名服务员，一共有1个大厅7个包间，都在同一个平台，包房分布在大厅的两边。最大的包房设有2张台，共24个餐位，最小的包房8个餐位，总共分两个餐次。一般顾客都选择在包间用餐，大厅很少有客人，服务员主要是传菜和上菜，有专门的迎宾和点菜人员。该店对员工是按照以下方法进行分配的。

（1）将员工分为两个餐次，每个餐次中都有服务员、迎宾员、点菜员，这些人员在营业高峰期是同时存在的，保障餐厅经营的整个时段，都有相关的人员提供服务，并做好下一个餐次的准备工作。如果经营时间是11:00～22:00，那么一个班次的工作时间可为10:00～14:00、17:00～22:00，另一个班次为12:00～21:00。

（2）最大的包房安排一名服务员，其他包房基本做到二间房一名服务员，大厅如果有客人，则由迎宾及点菜员提供服务。

（3）7个包房，最大的包房要接待两桌顾客，因为只有5个服务员，还要承担传菜的任务，比较紧张，因此可至少后备一名，因为包房的正常服务需要4名服务员，再加上休假人员，为了让服务提高档次，应在人员上做好合理的安排。

另外，该餐饮店还有以下相关事项。

（1）迎宾员、点菜员、服务员，只是分工的不同，因此，对卫生、服务、收检等工作事务，都要做好明确的安排，既讲究分工又要有合作。

（2）每个班次所负责的具体事务要有界定，要求必须完成方可下班，否则就会形成恶性循环，上一个班次推一下班次，下一个班次又推上一次班次。

（3）其他工作已完成，且已到达下班时间，还余有一、二桌客人时，可灵活安排值班人员。

（四）计算标准工资

由标准工时计算出标准工资，大概地预估出标准的薪资费用，然后与实际状况比较、分析，作为监控整个作业及控制成本的参考。

七、降低薪资成本

餐饮店要控制人事费用，就需要控制员工人数，从而控制总费用，但是，不能说是一味地裁员，也可以采取其他相关方法来达到此目的。

（1）用机器代替人力，如以自动洗碗机代替人工洗碗。

（2）重新安排餐厅内外场的设施和流程，以减少时间的浪费。

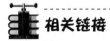

怎样合理安排餐厅动线

餐厅动线是指顾客、服务员、食品与器皿在餐厅内流动的方向和路线。

顾客动线应以从大门到坐位之间的通道畅通无阻为基本要求。一般来说，餐厅中顾客的动线采用直线为好，避免迂回绕道，任何不必要的迂回曲折都会使人产生一种人流混乱的感觉，影响或干扰顾客进餐的情绪和食欲。餐厅中顾客的流通通道要尽可能宽敞，动线以一个基点为准。

餐厅中服务人员的动线长度对工作效益有直接的影响，原则上越短越好。在服务人员动线安排中，注意一个方向的道路作业动线不要太集中，尽可能除去不必要的曲折。可以考虑设置一个"区域服务台"，既可存放餐具，又有助于服务人员缩短行走路线。

（3）改进分配的结构，使其更符合实际需要。

（4）加强团队合作精神培训，以提高工作效率。

（5）尽可能一人兼几职或多用钟点工，如前厅经理、营业主管兼任迎宾员；维修工、司机、库管、财务兼传菜员；库管兼酒水员；吧台主管、迎宾主管兼办公室文员；水台、粗加工兼洗碗工。

第三节 经常性支出费用控制

一、有效控制租金

餐饮店租金是需要每月支付的，是一个重要支出部分。餐饮店在签订房屋租赁合同时，要明确租金等相关事项。

（一）延长营业时间

租金是固定的，因此可以通过延长营业时间来分解每小时的利用效率。如麦当劳、永和大王等都是24小时营业。当然，不是所有的餐饮店都适合24小时营业，这要由餐饮店类型、周围环境等因素来决定的。

城市夜生活即使是在上海、广州，也还不完全是大众化、平民化的，更多的是少数人的一种生活方式，特别是以休闲交际为主的夜间活动，只有经过长期发展后，最终才会趋于大众化和平民化，只有发展到相当的水平和档次，24小时餐饮才能获得更好的发展。

（二）提高翻台率

提高翻台率，可以增加有效用餐客人数，从而增加餐饮店收入。提高翻台率的方法，具体见表5-3。

表5-3 提高翻台率方法

序号	方法名称	具体操作	备注
1	缩短客人用餐时间	从客人进入到离开每一个环节只要缩短一点时间，客人用餐时间就可以缩短，当然翻台时间自然缩短	要求每个员工都要力所能及在自己工作范围内提高效率，缩短时间
2	候餐增值服务	对客人殷勤款待，增加免费服务，如免费饮用茶水、免费擦鞋、免费报刊杂志阅览、免费茶坊休息等	迎宾和礼宾的工作重点是留住客人，让客人等位，避免客人的流失
3	运用时间差	（1）运用对讲机，确定有台位买单情况下，等位区迎宾或礼宾就会开始为客人点菜 （2）该桌值台服务员会在桌上放置"温馨提示牌"，一方面提醒客人小心地滑并带好随身物品，另一方面提醒其他员工，准备好翻台工具	大厅与外面等位区的配合是关键
4	设置广播	（1）餐饮店设置广播，每隔10分钟广播一次，内容安排可以是感谢客人用餐、提醒客人餐注意事项等 （2）第一次广播播放选在大厅台位只剩几桌的情况下，全店员工都会知道马上要排队，应该加快工作速度	广播作用不仅是在提醒客人，更重要是在提醒员工
5	提前为下一环节做准备	（1）在客人点菜后，及时询问是否需要添加主食或小吃，如果不需要的话服务员就开始核单并到吧台打单 （2）在客人不再用餐时提前将翻台工具准备好 （3）买单后客人若未立即离开，可征询客人的意见，先清收台面和椅套围裙	每一个服务人员在服务中，都应该为下一环节做准备
6	效率与美感	可以选择由传菜组员工专门负责翻台的清洁卫生，不仅速度快，而且动作优美	特别注意翻台卫生，既要效率，也要注意美感
7	全员动员	（1）服务员负责缩短客人用餐时间，勤换鱼、分菜、勤做台面 （2）传菜员和保洁负责缩短收台时间，收台迅速，清理卫生迅速 （3）后厨人员负责缩短上菜时间，出品时间快速、准确 （4）管理人员负责巡台协调，随时注意各桌客人用餐进程，对各部门没有做到的进行提醒	全员的参与才能全方位缩短时间，翻台高峰期，各部门甚至要交叉帮忙，以翻台为前提

（三）开设外卖口

餐饮店如果店面比较大，可以选择开设外卖口，可以卖自己餐饮店的产品，

也可以租给其他人，比如有的餐饮店门口就有卖九九鸭脖、珍珠奶茶等餐饮店客人可能需要的商品，当然，大家最熟悉的莫过于麦当劳的甜品站了。

但是，在开设外卖口时一定要注意不要影响到餐饮店的整体形象，或者是造成喧宾夺主的效果，那将是得不偿失的。

（四）处理好与房东关系

与房东关系相当的重要，做生意"和气生财"，如果与房东关系不好，房东对待你可能会比较苛刻，但是如果与房东关系很好，那么许多事情可能就会比较好处理，比如免费使用房东的库房、车棚等，可以节约一大笔开支的。

 案例

王先生通过中介租下一铺，打算开间饭馆，不料交完租却发现无法通过环评，开不了张，因与中介方交涉无果，他一直在房产中介公司门口坐等退款。王先生是根据网上信息，通过一家中介租了这栋房屋，房屋共有两层，本打算底层开饭馆，上层住人。

王先生向中介委托人支付了5万元，包括商铺进场费和两个月押金与一个月房租，不料，当王先生去申领营业执照时，发现根本通不过环保评定，不能做餐饮。除了交给中介的钱，他还投入了5万余元用于店铺装修，为此，王先生认为自己受骗了，要求中介退还租金，并补偿部分装修费用。

中介委托人却说之前已经提醒过王先生，做餐饮要通过环保审批。在业主、中介委托人与租户所签署的三方合同上面，写到若遇到政府不允许经营或因其他原因整改，一切责任由租户自负。中介可以对承租方进行协商补偿，但要求收1个月违约金和从合同生效期开始至合同终止日的租金。

（五）租金交付时间

租金交付尽量不要年交，最好是半年交、季交，因为如果由于经营不善或其他原因导致餐饮店无法经营下去，那么就是违约了，需要交付违约金，从而浪费资金。

以下提供某餐饮店的房屋租赁合同，仅供参考。

➡【范例】餐饮店房屋租赁合同

餐饮店房屋租赁合同

出租人：＿＿＿＿＿＿＿＿＿＿（以下简称甲方）

承租人：＿＿＿＿＿＿＿＿＿＿（以下简称乙方）

甲乙双方本着平等、互利、自愿、诚实守信原则，经友好协商，双方就房屋租赁事宜达成一致，特订立此合同，以资共同遵守。

（一）租赁房屋地点

租赁地点为：_____

（二）租用面积

建筑物使用面积约计_____平方米。租赁房屋及附属设施设备详见交接清单。

（三）租赁房屋用途

租赁房屋将用于餐饮业。

（四）租赁期限

共计____年，从____年___月___日起至____年___月___日止。

（五）租金标准

第一年年租金为人民币____元，第二年租金____元整，第三年租金____元整，第四年租金____元整。

（六）水电费

甲方向乙方提供现有的水电设施，甲方收取水电费用的标准按区供水供电部门的实际收费执行，乙方必须按时交纳。

（七）付款方式

采用预交结算法。租房费用每年结算一次，在合同签订之日一次性付清，以后每年的租房费用亦在每年____月___日一次性支付。

（八）履约保证

（1）乙方向甲方缴纳风险抵押金____元整，期满退场___日内无息退还。

（2）在租赁期内，乙方应合法经营，甲方协助乙方办理经营所需的工商、卫生、消防等一切营业手续，乙方照章缴纳税费并全部承担办理经营所属证件的一切费用及年检、抽检等费用。

（3）在租赁期间，甲方负责对租赁房屋的修缮。乙方应爱护房屋的设施、设备，不得损坏主体结构。由于乙方原因，造成租赁房屋（含内部设备、设施）毁损，乙方应负责维修或赔偿。

（4）租赁期内，乙方应按照消防部门要求自行设置消防设施，并严格遵守消防治安部门的有关规定，签订消防责任书，在乙方上班时间内发生的消防事故或治安事件由乙方承担经济责任和民事责任。

（九）违约责任

（1）经双方协商约定违约金为年租金的____%。

（2）在租赁期内，乙方经甲方同意可以将租赁的房屋转租给第三方，否则，乙方应承担违约责任。

（3）乙方在承租期内未按合同约定的时间缴付租金的，每逾期一天按月租金的____%缴纳滞纳金，逾期超过____天不缴纳租金的，甲方可以单方解除合同，乙方应承担违约责任。

（4）租赁期内，乙方一般不能改变经营用途和范围，如变更需双方协商同意，否则，乙方应承担违约责任。

（5）甲方未按本合同约定的时间交付使用的，每逾期一天甲方应按照月租金的____%向乙方偿付违约金。

（十）合同的变更、解除和终止

（1）经甲乙双方协商同意，可以解除合同。

（2）乙方由于自身的原因需解除合同时，应提前两个月，以书面形式通知甲方，甲方同意与否应在十日之内书面回函给乙方。如乙方单方面解除租赁合同，属违约行为，甲方有权将该房屋收回，并追究乙方的违约责任。

（3）因不可抗力不能实现合同目的，合同可以解除。

（4）装修及装修附加部分在解除合同或合同履行完毕后，乙方应完整将其房屋整体移交给甲方，不得拆除房屋装修部分。

（5）经双方协商同意，解除或终止合同，乙方结清房租、电费后，方可在两天内搬迁完毕，否则按违约论处。

（6）租赁期满，租赁合同自然终止，甲方有权收回房屋，乙方如要求续租，则必须在租赁期满两个月前书面通知甲方，经甲方同意后，重新签订租赁合同。

（十一）争议处理

本合同适用中华人民共和国合同法，发生纠纷双方友好协商解决，协商无效，提交租赁房屋所在地法院审理。

（十二）其他

本合同壹式贰份，双方各执壹份，经双方代表签字盖章后开始生效，未尽事宜，双方可签订补充协议，与本合同具有同等法律效力。

甲方（盖章）：　　　　　　　　乙方（盖章）：

　　　　　　　　　　　　　　　____年___月___日

二、有效控制水费

餐饮店用水属于经营服务用水，虽然水费在整个经营的成本中所占的比例并不高，但是如果所有员工都能意识到节约用水的重要性，从而节约用水，也可以节省一定的水费。需要牢记的一点是节约用水，不能以降低卫生水平为代价。

餐饮店可以采用各种方式，从管理者至基层员工，全员动员对用水进行控制。诸如可以采取以下方式来减少用水量。

（一）节水与奖金挂钩

每个水龙头都安排节水责任人，一旦发现用完不关现象，责任人扣发30%～50%的奖金。此外，水龙头不能出现"长流水"。

（二）改变洗菜方式

将各种菜统一放到洗菜池里冲洗，改完全是靠水流将菜上的脏东西冲走为接满一池水之后由人工用手清洗，洗菜的水统一用来拖厨房的地。

（三）桌布锅碗少冲洗

在不影响正常清洁和烹调的前提下，尽量减少用水量。炒菜师傅烹调洗锅时要节约用水；桌布、锅碗少冲洗，餐饮店就减少了桌布、锅碗的清洗次数。

（四）设备更新

将旋钮式水龙头改为下压式或者感应式，节省洗手期间造成的水资源浪费。将湿拖布换成容易清洗的海绵拖把。

三、有效控制电费

餐饮店的空调、冰箱、冰柜以及照明都需要耗电，可以采用各种方式控制电费。

（一）空调

（1）对空调盘管定期清洗，冷冻机组定期进行除垢，增强传热效率。

（2）定期对水泵电机轴承注油，减少无功浪费。

（3）在过渡季节，充分利用新风，达到节能作用。

（4）开窗时不得使用空调，根据实际温度开关空调。

（二）电器

（1）各后勤岗点下班时随手关灯、关电脑。

（2）通过安装声控、红外线等方式控制走道灯。

（3）餐饮包厢备餐时开启工作灯，开餐后开启主灯光。

（4）使用节能灯，将非对客区域的射灯全部更换为节能灯。

（5）各部门饮水机由专人负责开启和关闭。

（6）雨棚灯开关时间为：冬季17:00时（开）～次日5:00时（关）；夏季18:00时（开）～次日3:00时（关）；四季24:00时后，关闭两组雨棚灯。

（三）照明

照明设施的选择，可采用荧光灯、卤钨灯、LED灯等节能灯具，有条件的还可采取声光控灯具或其他节能的灯具设施。

（1）使用节能型的照明设备。

（2）将餐饮店各区域的照明、广告灯箱等的开关纳入到定人、定岗、定时、定责任的管理范围内，并根据自然环境的实际制定严格的开闭时间规定，餐饮店根据重点部分，规划出监测点位，进行重点控制。

（3）员工区域及公共区域的灯光照明可改为声控照明或声光控照明，最大程度地节约用电，同时对一些区域在不影响工作的情况下只保证其最低照度或减少光源以实现节电。

四、燃气费用控制

大多数餐饮店都是以天然气为燃料来加工食品的，因此燃料费是一个经常性支出的费用。

一般天然气使用主要是在厨房，使用者是厨师，因此餐饮店经营者要对厨师用气进行控制，节约用气。尽可能充分利用热量，减少损失热量，缩短用火时间，可以让厨师采用以下6种方法来节约用气。

（1）合理调整燃具开关的大小。在烧水时火焰应尽可能开大，以火焰不蔓出锅壶底部为宜；在煮饭或烧菜时，在水开以后应将火调小并盖上锅盖。

（2）防止火焰空烧。炒菜前要先做好准备工作，以防点燃火以后手忙脚乱；水烧开以后应将火关灭以后再提开水壶，防止提去水壶忘记关火；不要先点燃火以后才去接水放锅。

（3）调整好火焰。发现火焰是黄色或冒烟应及时处理，因此时炉灶的热效率较低，可调整风门、清理炉盘火头上的杂物、检查软管或开关是否正常、检查锅底的位置是否合适，不要使它压在火焰的内锥上，还应设法避免穿堂风直吹火焰。

（4）尽可能使用底面较大的锅或壶。因为底面大，炉灶的火可开得大些，锅的受热面积大，同时灶具的工作效率也高。

（5）烧热水时尽量利用热水器。因热水器的热效率大大高于灶具，如用热水器烧热水可比用灶烧节气1/3，同时还省时间。

（6）改进烹调方法。改蒸饭为焖饭，改用普通锅为高压锅，省时省气。

五、合理设置广告费用

餐饮店为了扩大影响力,或者是提高营业额,都会采取广告促销的方式来吸引顾客,因此对其中产生的费用要做好控制和管理。

餐饮店根据自己的实际情况进行广告促销,一般是在开业、假日前进行。对于一般的餐饮店,可能选择较多的方式是向行人发放宣传单等成本较低的广告方式,因为如果是选择电视、广播、报纸等费用都比较高。

六、刷卡手续费

随着现代消费理念的普及,刷卡消费成了如今付款的潮流。许多餐饮店都可以刷卡消费,当然,这样是为顾客提供了方便,但同时也产生了刷卡的手续费,要由商家自己支付,现在餐饮业2%的刷卡费率相对于超市、商场等零售行业均不高于0.8%的手续费是比较高的。

七、折旧费

餐饮店折旧费是一项经常性支出费用,因此要进行合理控制。一般来讲,餐饮店折旧主要针对的是各种固定资产。如空调最好是三年就需要更换,否则很可能产生的维护费用会超过其本身价值。

资产折旧额直接影响着企业的成本、利润、现金流量的多少,是一项很关键的财务数据,正确地计提固定资产折旧,是实现固定资产的价值补偿和实物更新,保证餐饮店持续经营的必要条件。

折旧计算方法有许多种,会计报告中应该说明此报告究竟采用了哪些折旧方法,并且餐饮店所使用的折旧方法必须相对稳定,不可随意更换。计提折旧的方法有直线折旧法、工作量法、年数总和法、余额递减法等。

最简单的折旧处理是直线折旧法,又称平均年限折旧法,是按照固定资产的可使用年限每年提取同等数量的折旧额。其计算公式如下。

年折旧额=(固定资产原值-估计残值)÷固定资产预计可使用年限

如某餐饮店购入一台中式炊具,购入成本为8000元,运输安装成本500元,预计该设备可使用年限为10年,估计残值为500元,根据上面的公式,便能计算出每年折旧额。

年折旧额=(8500-500)÷10=800(元)

平均年限折旧法是假设固定资产在整个使用期间内各营业期的损耗完全一致,因此,计算出来的结果往往与实际情况有较大的差距,但是这种方法计算简单,被餐饮业广泛使用。

八、有效控制停车费

（一）餐饮店自有停车场

如果餐饮店有自己的停车场，那么停车费管理比较简单，只需要安排保安员进行管理就可以了。

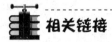

停车场常见问题及其处理

餐饮店门口停车，经常会发生一些摩擦碰撞事件，还有小偷也在打车子里面财物的主意，那么作为餐饮店，需要做好各项应对措施。

（1）停车场出具的收款收据上应有"车辆丢失风险自负，停车场概不负责"的风险警示（泊车风险警示是符合我国《消费者权益保护法》规定的，该法第十八条第一款规定："经营者应当保证其提供的商品或者服务符合保障人身、财产安全的要求，对可能危及人身、财产安全的商品和服务，应当向消费者作出真实的说明和明确的警示，并说明和标明正确使用商品或者接受服务的方法以及防止危害发生的方法。"据此规定，经营者不仅要提供安全的服务，而且对可能发生的危害要作出明确的警示，停车场经营者提示的"车主自负泊车风险"正是法律所需要的，经营者必须作出"风险警示"）。

（2）停车场入口应设立大型警示牌，此牌应相当醒目，让车主一眼就可以看见，内容可为提示其保管好贵重物品，特别是现金等，以及"车辆丢失风险自负，停车场概不负责"的声明。

（3）咨询当地有关法律部门，了解发生此类事件应该怎样解决，有没有什么别的方法让餐饮店的损失减少到最低。

（4）摄像头是否有必要安装在停车场里？如果安装，保安室与值班经理的办公室应该接入一个显示端。

（二）租用停车场

许多餐饮店都是租用停车场来为客人提供停车服务的，因此需要支付租用停车场的费用。长期以来，就餐免费泊车一直是很多餐馆揽客的普遍招数，当然，多数免费泊车，其实是餐馆与停车场达成协议，由餐馆为顾客统一垫付停车费的。

餐饮店在租用停车场时，一定要签订停车场租用合同。以下是某餐饮店的停车场租用合同，仅供参考。

【范例】餐饮店停车场租用合同

餐饮店停车场租用合同

甲方：_____商业地产公司　　　　乙方：_____

法定代表人：_____　　　　　　法定代表人：_____

住址：_____　　　　　　　　　住址：_____

邮编：_____　　　　　　　　　邮编：_____

联系电话：_____　　　　　　　联系电话：_____

鉴于：

（1）乙方餐饮店因规模扩大、顾客人数增多，因此需要更多停车位置，特向甲方租用停车用地。

（2）根据《中华人民共和国合同法》《中华人民共和国房屋出租条例》及其他有关法律、法规之规定，出租方和租借方在平等、自愿、协商一致的基础上就停车场租用事宜，双方经协商一致，达成停车场租用合同，合同如下：

第一条　租借方向出租方租借停车用地为____平方米，地点：____。

第二条　交租方式由银行办理转账入户，账户为：_____。

第三条　出租金额应按月计算，而每月____日定为交租日期，租金为每月____元人民币，交租期限不得超过每月的____日。

第四条　租借方逾期付款，每逾期一日按____%计算利息。

第五条　乙方对其车辆自己行使保管责任。

第六条　乙方除了停放其车队的车辆外，还有权对外经营车辆保管业务。

第七条　乙方自行办理消防、公安、工商、税务等一切相关的法律手续。

第八条　乙方延迟两个月未交清租金，合同自动解除，甲方收回场地。

第九条　水电费由乙方自理。

第十条　租借方对该土地仅作停车用地使用，并没有出售权，在使用期间不得擅自改变土地用途。出租方不得在租借途中擅自改变土地使用或违约，否则要负责租借方的一切经济损失。

甲方（盖章）：_____　　　　　乙方（盖章）：_____

法定代表人（签字）：_____　　　　法定代表人（签字）：_____

____年____月____日　　　　　　　　____年____月____日

签订地点：_____　　　　　　　　　签订地点：_____

九、减少修缮费

餐饮店的房屋需要修缮，由此会产生修缮费用，因此需要在平时注意保养，减少修缮次数，从而减少修缮的费用。

同时，在签订租赁合同时，要注意明确房屋修缮费用如何支付。注明所租房屋及其附属设施的自然损坏或其他属于出租方修缮范围的，出租人应负责修复；承租人发现房屋损坏，应及时报修，出租人在规定时间内修复；因承租人过错造成房屋及其附属设施损坏的，由承租人修复赔偿。

此外一定要爱护并合理使用房屋及附属设施，尽量不要私自拆改、扩建或增添，如果确实需变动的，必须征得出租人同意，并签订书面协议。

第四节　外包业务费用控制

一、员工招聘外包

小型餐饮店没有专门的人力资源部，往往员工招聘就是直接由经营者亲自负责，如果是大型的餐饮店，则会有专门的人员负责员工招聘。不过，现在许多公司往往采取招聘外包，将招聘人员要求提供给招聘公司，然后由招聘公司负责员工招聘。

（一）招聘外包服务公司

现在有专门的为餐饮服务业提供招聘外包服务的公司，负责餐饮行业员工的招聘。

正规的招聘外包服务公司拥有精通餐饮行业的招聘顾问与强大的执行顾问团队，以及高效的复合式招聘工具，能够为客户量身定做全方位的整合招聘解决方案，让客户享受质量、成本、服务和速度等四个方面的优势，迅速填补空缺职位、改善招聘质量，从而提高生产力和业绩。

（二）如何委托招聘

1. 什么是委托招聘

委托招聘是指企业将自己的招聘业务部分或者全部，通过协议的方式委托给招聘服务公司。一般来讲，委托招聘根据委托周期分一个月内的"短期"、半年内的"中期"和一年内的"长期"三种服务方式，根据服务内容可以分为"半委托"和"全委托"两个大类。

2. 委托招聘收费

委托招聘中，招聘服务公司为客户提供招聘信息发布、简历接收、简历筛选、初试通知、初试和评估、提交候选名单、协助安排复试等系列化、可选择的服务内容（如图5-2所示），客户可以根据自身需要及业务深度，自由选择并决定招聘服务公司在招聘业务中参与的程度，这个程度也决定了招聘服务公司付出的成本和服务收费金额高低。

招聘服务公司将每岗位招聘人数不超过三名的业务划分为"委托代理"，而将每岗位招聘人数超过三人的业务称为"批量招聘"。

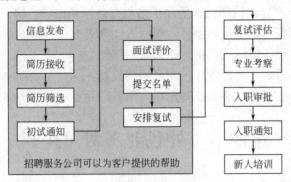

图5-2 招聘服务公司招聘流程

3. 委托招聘好处

委托招聘的好处是专业把关、简化业务、降低风险、对应迅捷。

餐饮店可以放心地将部分流程交给招聘服务公司来处理，而让人力资源部门得以集中精力在关注人力利用效率、提高绩效、促进员工发展、团队稳定性和文化传承等核心业务上，摆脱无休止单纯招聘的困扰，在最短时间内提供用人保障，降低待岗产生的隐性成本。

> **特别提示**
>
> 对于招聘外包的费用，如果不是特别需要，其实是可以省的。最简单的方法就是在餐饮店门口贴上简单的一张招聘启事，如果觉得没有许多人关注，那么可以在网络上发布招聘信息，现在如赶集网、58同城等许多网站都可以免费发布。

二、餐具清洁外包

如今，许多餐饮店都使用餐具消毒企业提供的餐具，可以省去许多成本。如某中等规模的餐饮店，每天使用1000套餐具，需要聘请两名月薪1000元的工人，相应的水电费、洗洁剂费用在2000多元，不计餐具成本，每月就要支出近4000元。将餐具外包给消毒公司后，每套餐具进价为0.5元，提供给消费者的价格是1元，以每月使用3万套计算，仅餐具一项就获利1.5万元。

但是，餐饮店一定要选择正规的餐具消毒企业合作，主要体现在以下3个方面。

（1）证照齐全，从业人员均持有有效的健康证明。

（2）环境卫生状况、卫生设施配备情况完好，消毒设备正常运转和使用，餐饮具清洗消毒符合操作规程，有健全的卫生管理制度。

（3）去渣、洗涤、清洗、消毒、包装、储存整个操作流程符合卫生标准要求。

第六章

餐饮食材管理

第一节　认识商标标志

第二节　食材选购管理

第三节　食材验收管理

第四节　食材储存发放管理

第一节 认识商标标志

一、注册商标

(一)商标

商标(英文Trade Mark),是指生产者、经营者为使自己的商品或服务与他人的商品或服务相区别,而使用在商品及其包装上或服务标记上的由文字、图形、字母、数字、三维标志和颜色组合,以及上述要素的组合所构成的一种可视性标志。

(二)商标使用符号

使用在商标上的符号通常有™和®,®——注册符(REGISTER),指已经商标局核准注册的商标。

(三)注册标记位置

《中华人民共和国商标法实施条例》第三十七条规定:"使用注册商标,可以在商品、商品包装、说明书或者其他附着物上标明'注册商标'或者'注册标志记'"。注册标记包括™和®。使用注册标记,应当标注在商标的右上角或者右下角"。

> **特别提示**
>
> 在选购食材时一定要注意查看商品包装上是否印有代表注册商标的"®"符号。

二、食品标志

根据《食品生产加工企业质量安全监督管理办法》规定,实施食品质量安全市场准入制度管理的食品,首先必须按规定程序获取《食品生产许可证》,其次产品出厂必须经检验合格并加印(贴)食品市场准入标志,没有食品市场准入标志的,不得出厂销售。

(一)食品市场准入标志

(1)食品市场准入标志由"质量安全"英文(Quality Safety)字母"Q"、"S"和"质量安全"中文字样组成,如图6-1所示。

(2)标志主色调为蓝色,字母"Q"与"质量安全"四个中文字样为蓝色,字母"S"为白色。

（3）企业在使用食品市场准入标志时，可以根据需要按比例自行缩放，但不能变形、变色。

> **特别提示**
>
> 检查食品有无该标志，若无，则不要购买；检查标志颜色是否正确，谨防假冒。

（二）《食品生产许可证》编号

（1）编号由英文字母QS加12位阿拉伯数字组成。

（2）QS为英文质量安全的缩写，编号前4位为受理机关编号，中间4位为产品类编号，后4位为获证企业序号。

（3）当食品最小销售单元小包装的最大表面的面积小于10平方厘米时，可以不加印（贴）《食品生产许可证》编号，但在其大包装上必须加印（贴）《食品生产许可证》编号。

图6-1　QS标志

（三）绿色食品标志

（1）绿色食品标志是由中国绿色食品发展中心在国家工商行政管理局商标局正式注册的质量证明商标，如图6-2所示。

（2）绿色食品标志作为一种产品质量证明商标，其商标专用权受《中华人民共和国商标法》保护。

（3）标志使用是食品通过中国绿色食品发展中心认证，许可企业依法使用。

（四）绿色饮品企业环境质量合格标志

根据《"绿色饮品企业环境质量合格"证明商标标志使用管理办法》的规定，该标志证明的商品有以下种类。

（1）软饮料类：矿泉水、可乐、果珍（晶）、植物蛋白饮料（杏仁乳、豆奶等）、茶饮料、果汁饮料、奶茶（非奶为主）及其他无酒精饮料。

图6-2　绿色食品标志

（2）含酒精饮料类：葡萄酒、白酒、果酒、啤酒、餐后饮用酒、黄酒、鸡尾酒等。

（3）保健饮品类：非医用营养液、非医用营养胶囊、非医用营养片、非医用营养粉。

绿色饮品标志如图6-3所示。

图6-3　绿色饮品标志

（五）无公害农产品标志

（1）无公害农产品标志，其颜色由绿色和橙色组成，如图6-4所示。该标志说明产品为已通过无公害检测的农产品，消费者完全可以放心购买、安心食用。

（2）根据《无公害农产品标志管理办法》规定，获得无公害农产品认证证书的单位和个人，可以在证书规定的产品或者其包装上加无公害农产品标志，用以证明产品符合无公害农产品标准。

（六）原产地域产品标志

原产地域产品标志的作用是保证原产地域产品的质量和特色。

原产地域产品专用标志的轮廓为椭圆型，灰色外圈，绿色底色，椭圆中央为红色的中华人民共和国地图，椭圆型下部为灰色的万里长城，如图6-5所示。

（七）有机食品认证标志

有机食品认证标志，其认证标志由两个同心圆、图案以及中英文文字组成，整个图案采用绿色（如图6-6所示）。购买时若商家声称其产品是有机食品，那么包装上就应该有该标志。

图6-4　无公害农产品标志　　图6-5　原产地域产品标志　　图6-6　有机食品标志

（八）食品包装CQC标志

食品包装CQC标志认证是中国质量认证中心（英文简称CQC）实施的以国家标准为依据的第三方认证，是一种强制性认证。食品包装上有CQC标志则表明该包装是安全、卫生的，不会污染包装内食品。

第二节　食材选购管理

一、选购食品走出新鲜误区

（一）新茶

最新鲜的茶叶其营养成分不一定最好。新茶是指采摘下来不足一个月的茶叶，这些茶叶因为没有经过一段时间的放置，存在一些对身体有不良影响的物质，如果长时间喝新茶，有可能出现腹泻、腹胀等不舒服的反应。

> **特别提示**
>
> 太新鲜的茶叶对一些患有胃酸缺乏的人，或者有慢性胃溃疡的老年患者更不适，新茶会刺激胃黏膜，产生肠胃不适，甚至会加重病情。

（二）新鲜蔬菜

美国缅因州大学的食品学教授洛德·勃什维尔发现：西红柿、马铃薯和菜花经过一周的存放后，所含有的维生素C有所下降；甘蓝、甜瓜、青椒和菠菜存放一周后，其维生素C的含量基本无变化；经过冷藏保存的卷心菜甚至比新鲜卷心菜含有更丰富的维生素C。

> **特别提示**
>
> 为防治病虫害，经常施用各种农药，有时甚至在采摘的前一两天还往蔬菜上喷洒农药，最好略做存放，使残留的有害物质逐渐分解后再吃，对于那些容易衰败的蔬菜，多清洗几次。

（三）新鲜野菜

许多餐厅都推出各种新鲜野菜，也得到顾客青睐，但是，现在不少天然野菜大多生长在垃圾堆或者被污染的河道附近，很难清洗干净，如果食用了有污染的野菜，反而对身体有害。

（四）鲜黄花菜

鲜黄花菜含有秋水仙碱，要小心中毒。秋水仙碱本身是无毒的，但进入人体后被氧化成氧化二秋水仙碱，则含有剧毒，会对肠胃及呼吸系统产生强烈的刺激，表现为嗓子发干、恶心、呕吐、腹痛、腹泻、胃有烧灼感，严重的可产生血便、血尿或尿闭等症状。常食用的干黄花菜不含有秋水仙碱毒素，因此无毒。

（五）鲜木耳

鲜木耳中含有一种光感物质，人食用后，会随血液循环分布到人体表皮细胞中，受太阳照射后，会引发日光性皮炎。这种有毒光感物质还易被咽喉黏膜吸收，导致咽喉水肿。

二、挑选真正安全食品

有关食品安全的事件，一定程度上影响了餐饮行业，因此，在挑选食品时要更加注意挑选安全的食品。

（一）拒绝"染"出来的食品

1. 生姜

（1）"毒生姜"一般要先洗后熏，熏过的姜不仅干净，而且颜色浅，水嫩嫩的，发亮，皮薄，轻轻一搓就掉了。

（2）正常的姜则颜色发暗、发干。

2. 豆芽

豆芽细长有须的更天然。用尿素等违法添加剂泡发的豆芽，一般又短又粗、没有根须，由于水分含量大，看上去非常饱满、亮晶晶的。用清水泡发的豆芽一般是细长、有根须的，颜色发暗，豆子的芽胚发乌，水分含量较低。

3. 芝麻

（1）染过色的又黑又亮、一尘不染；没染色的颜色深浅不一，还掺有个别的白芝麻。

（2）味道：没染色的有股芝麻的香味；染过的不仅不香，还可能有股墨臭味。

（3）用餐巾纸蘸点水一搓，正常芝麻不会掉色，如果纸马上变黑了，肯定是染色芝麻。

（二）发现"变脸"食物

1. 牛肉

最好不要到小摊贩、农贸市场买牛肉，大超市的牛肉进货渠道稳定，比较有保障。

> **特别提示**
>
> "牛肉膏"不是不能用，按规定限量用在牛肉上可以，但用于将猪肉变成牛肉，则属于典型的欺诈行为。

买肉时要看横切面，一般猪肉的纤维又细又松，牛肉的纤维又粗又紧；猪肉脂肪含量高，牛肉的脂肪比较少。

2. 食醋

一般来说，老陈醋的颜色深、发黑，米醋的颜色淡、发棕，"化学醋"的颜色更淡，而且味道非常酸。

（三）辨别黑心"有毒"食品

生鲜鱼的眼睛应该是清澈而且稍微凸起的，腮鲜红没有污垢，鱼身和鱼肉应该有韧性、有光泽。

1. 刀鱼

如果外面刷了银粉，会有股刺鼻的油味。刀鱼的皮非常薄，用手轻轻一粘，就能粘下来，而刷了银粉的死刀鱼，往往变质后皮已经掉了，这层银粉是不管怎么粘都粘不下来的。

2. 黄花鱼

用餐巾纸一擦，如果纸上发黄，则肯定是染过色的黄鱼。

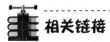

怎样辨别污染鱼

含有各种化学毒物的工业废水大量排入江河湖海，使生活在这些水域里的鱼类发生中毒，多种化学毒物长期汇集在鱼鳃、肌肉和脂肪里，致使鱼体带毒，人如果吃了这些有毒的鱼，也将会中毒，甚至致畸、致癌。

您到市场购买鱼时，要特别注意鉴别，方法如下。

（1）看鱼形：污染严重的鱼，形态不整齐，头大尾小脊椎弯曲甚至出现畸形，还有的皮肤发黄，尾部发青。

（2）看鱼眼：带毒的鱼眼睛浑浊，失去正常的光泽，有的甚至向外鼓出。

（3）看鱼鳃：鳃是鱼的呼吸器官，相当于人的肺，大量的毒物可能蓄积在这里，有毒的鱼鳃不光滑，较粗糙，呈暗红色。

（4）闻鱼味：正常的鱼有明显的腥味，污染了的鱼则气味异常，根据各种毒物的不同，会散发出大蒜气味、氨味、煤油味、火药味等不正常的气味，含酚量高的鱼鳃还可能被点燃。

三、绿色食品选购

（一）绿色食品

绿色食品是无污染、无公害、安全营养型食品的统称，而并非指绿颜色的食品。绿色食品同人类生命质量息息相关，而"绿色"正是生命和生存环境充满活力的象征，故将此类食品定名为"绿色食品"。

绿色食品分为A级绿色食品和AA级绿色食品。A级绿色食品是限量使用限定的化学合成生产资料；AA级绿色食品在生产过程中不使用化学合成的肥料、农药、兽药、饲料添加剂、食品添加剂和其他有害于环境和身体健康的物质。

（二）别被"绿色"俩字忽悠

一些不法商家开始在包装或宣传上打起了绿色食品的"擦边球"，企图以此蒙蔽误导消费者，非法牟利。

> **特别提示**
>
> "纯天然"并不代表"绿色"，也不代表"绝对安全"，看到商品外包装上有"纯天然"商标时，要多个心眼。

（三）选购"五看"

选购绿色食品时有"五看"，具体见表6-1。

表6-1 选购"五看"

序号	类别	说明	备注
1	级标	A级和AA级同属绿色食品，除这两个级别的标识外，其他均为冒牌货	
2	标志	绿色食品的标志和标袋上印有"经中国绿色食品发展中心许可使用绿色食品标志"字样	
3	标志上标准字体的颜色	（1）A级绿色食品的标志与标准字体为白色，底色为绿色，防伪标签底色也是绿色，标志编号以单数结尾 （2）AA级使用的绿色标志与标准字体为绿色，底色为白色，防伪标签底色为蓝色，标志编号的结尾是双数	
4	防伪标志	绿色食品都有防伪标志，在荧光下能显现该产品的标准文号和绿色食品发展中心负责人的签名	
5	标签	（1）绿色食品的标签符合国家食品标签通用标准，如食品名称、厂名、批号、生产日期、保质期等 （2）检验绿色食品标志是否有效，除了看标志自身是否在有效期，还可以进入绿色食品网查询标志的真伪	

四、食材选购省钱窍门

餐饮店购买食材的费用是一个重要的支出部分，"省的就是赚的"，无论是多大规模的餐饮店，都必须重视食材采购，尽量用最少的钱，买最多的食材。

（一）适时外地采购

餐饮店大量食材是以本地购买为主，但是有的食材可以选择到外地采购。外地采购成本不一定就比本地高，特别是对于店里需求量大，同时又不是本地所主产的食材，比如海鲜、干货、调料、酒水等，由于不同的进货途径，各地的价格差异较大。

如果离郊区不是很远，店里的许多蔬菜可以直接到菜农家里购买。一边是城市里的"高价菜"，一边是"菜贱伤农"，这足以说明一点，那就是菜农的菜其实很便宜，只不过是因为中间的各个环节而导致菜价上升，因此，如果条件允许，可以自行去进行采购。

（二）什么时候价格最便宜

在常规思维中，可能认为下午快要收摊时的价格比较便宜，当然，对于一般家庭购买可能如此，但是，如果是餐饮店，那么就不一定了。餐饮店所需量大，一般早上一手批发的鸡、鱼、肉、蛋、蔬菜等价格较便宜，上午价格最高，下午价格比上午又稍低一些。

（三）选择批发市场

对于量大的食材，可以去大型批发市场进行采购。如果去一般的菜市场买，人家摊贩肯定是要赚钱的，价格肯定比批发市场贵，因此，要了解餐饮店附近最大的一家批发市场是哪里，可以在那里买到更加便宜的食材。

（四）学会讨价还价

价格是可以与卖家进行协商的，不要人家开口说多少就是多少，特别是在批发市场，卖家相当集中，可以到每家店去询问价格，然后选择价格较低的一家。

> **特别提示**
>
> 价格低，但是一定要商家保证质量，不能说因为价低，质量也低，那么将会是得不偿失。

（五）选择固定供应商

为了确保食品的质量和采购的稳定性，可固定一家店进行购买，但要灵活不可绝对化。如果固定点的质量、价格不如其他点的，那么就不去固定点采购，这样才能严把采购的质量和价格关。

（六）有效利用送货

现在许多食材商家都是会送货上门的，有的食材可能甚至是厂家直接送货上门。一般送货上门可以节省许多来回费用，但是要注意挑选值得信赖的供货商家，同时要随时了解市场行情，了解食材价格，不要出现已经降价却还在买着高价的食材。

第三节 食材验收管理

一、验收工作目标

(1) 确保交货的数量符合订货数量,即除了所有的进货必须确实过磅或点数外,与订货人员所下的订单是否相符,也是非常重要的,如果有差异,则必须立即反映给相关作业人员,进行追踪或作必要的处置。

(2) 确保交货的品质与采购签订的条件、餐厅认定的品质规格是一致的,严格品质管制除了能确保品质外,对供应商也是一项约束,同时可增强采购人员未来与供应商谈判的筹码。

(3) 确认进货单据上的单价与采购人员所议定的价格相同。

二、验收职责

验收是食用材料进入前必经的过程,收料工作是否迅速与顺利,对食品烹饪加工的产销效率影响极大,餐饮店长宜指定专人办理,明确验收的如下职责。

(1) 负责食品原料进货验收工作。

(2) 核对食品及饮料的进入。

① 如条件不合,依约办理。

② 交料不符,即通知供应商。

③ 品质不符,退回或减价。

④ 价格不合,更正发票。

⑤ 收料多出,退回或暂收。

⑥ 收料短少,补送或更正。

(3) 核对数目的准确,如过秤、计件等。

(4) 填写验收报告单。

三、验收程序

验收工作非常重要,必须注意各单项进货价格,并证实是否为所采购的物料,再视其品质规格与份数是否正确,因而验收是采购与库储存料及厨房烹调之间的桥梁。

物料的购得如未经仔细、迅速、确实的检验点收,必然形成混乱错误的弊端,势必影响烹饪制作的食品,甚至影响前场的销售。

(一) 验收前的准备

收货品管人员在工作之前须先确实了解收货品项的采购规格、交货数量与到货时间，同时准备合格的验收工具，来点收交货的数量与品质。

（二）检查品质规格

厂商到货时，验收人员依订货单确认到货的品质规格确为所需的货品。品管验收的检查方式，可分全数检查（重要品项的物料）或抽样检查（次要品项的物料），要注意的是，生鲜或冷冻食品的检查须小心且快速进行，以避免因检查费时而发生耗损，反而得不偿失。

（三）数量检查

当品质规格经确定后，依订货需求数量对进货数量加以点收，如无误，则填写单据后，即可进行入库或交予使用单位。验收工作对采购、订货与使用单位来说，扮演稽核把关的角色，依照正确的规定与程序，执行验收工作，可使整个物料管理流程完美无缺，而达到最佳的成本控制效益。

四、验收数量不符处理

数量不符可能是太多了或不足。当太多时，则多出的数量应拒收，请送货人员载回，单据上填写实际收货数量；如果货量不足，则应即刻通知订货、采购、仓管及使用单位各相关人员作必要的处置。

另外须注意的是，一旦发生验收数量短少时，要确实做到一笔订货单一次收货动作，再补货时，则须视为另一笔新订单，如此才能确保账面与实际物料的正确性，及减少人为的疏失与弊端。

五、验收品质不符处理

当品质不符时，非食品类可采取退货方式处理，如果是不适合久储的物品，可与送货人员确认后请其带回，因为品质不符退回原供应商而产生数量的不足，可请订货或采购人员重新补订货。

六、坏品及退货处理

（一）坏品处理规定

食材或用品由于品质不良、储存不当、制备过程错误或其他因素，造成腐败、过期、毁损等，致产生坏品，应由各使用单位依事实随时填报"物品耗损报告表"，并由所属单位主管负责查证并签名，购入时价由会计组查核填写，并作相关账务处理。

（二）退货处理

餐饮业由于其采购及验收的程序严谨，在验收过程当中，一发现不当或瑕疵品即予拒收，所以退货的情形不多见。

不过如果因为储存管理不良或销售预估错误，造成某类食材数量太多或即将到期，餐厅大都会以推出特餐或改变制备方式来促销。如牛排销路不佳，厨师便可将其蒸熟剁碎做成牛绒浓汤，随餐附与客人，或加强促销牛排特餐，以减低牛排逾期报废的耗损。

> **特别提示**
>
> 餐厅对于退货的对策，最好是防患于未然，强化采购、验收、储存及损耗管理，杜绝坏品、不良品的产生，退货自然无由发生。

第四节　食材储存发放管理

一、食品储存管理

所有食品经验收部门验收后，应立即将其划分为易腐烂食品和不易腐烂食品两类，分开储存于冷冻或冷藏室内。大部分易腐烂食品通常直接送交厨房自行冷藏，或由其当天使用。

储存食品时应注意如下6点。

（1）每天发放的食品应当靠近仓库门附近。

（2）所有食品均应分类放置，如罐装食品、干货等应分开堆置。

（3）肉、鱼、牛奶等易腐败的食物，不要混在一起摆置，隔离冷冻不得超过必要的时间。

（4）煮熟的食品或高温的食品须放置冷却后，始能冷藏。

（5）水分多的或味道浓的食品，须用塑胶袋捆包或容器盖好。

（6）食品存取速度须快，避免冷气外泄。

相关链接

各类食材储存法

一、薯类食品

（1）放在密闭、干燥容器内，置于阴凉处。

（2）勿存放太久或放置在潮湿的地方，以免虫害及发霉。

（3）生薯类如同水果蔬菜，处理整洁后用纸袋或多孔塑胶袋套好放在阴凉处。

二、油脂类

（1）勿让阳光照射，勿放在火炉边，不用时罐盖盖好，置于阴凉处，不要储存太久，最忌高温与氧化。

（2）用过的油须过滤，不可倒入新油中；颜色变黑、质地黏稠、混浊不清而有气泡的，不可再用。

三、蔬菜类

（1）除去败叶、尘土及污物，保持干净，用纸袋或多孔的塑胶袋套好，放在冰箱下层或阴凉处，趁新鲜食用，储存越久，营养损失越多。

（2）冷冻蔬菜可按包装上的说明使用，不用时保存在冰冻库，已解冻的不再冷冻。

（3）在冷藏室下层柜中整棵未清洗过的蔬菜，可放5～7天，清洗过沥干后，可放3～5天。

四、腌制食品类

（1）开封后，如发现变色变味或组织改变的，立即停止使用。

（2）先购入的置于上层，以便于取用，又避免虫蚁、蟑螂、老鼠咬嚼。

（3）储放在干燥阴凉通风处或冰箱内，但不要储存太久，并尽快用完。

五、水果类

（1）如同蔬菜类，先除去尘土及外皮污物，保持干净，用纸袋或多孔的塑胶袋套好，放在冰箱下层或阴凉处，趁新鲜食用，储存越久，营养损失越多。

（2）去果皮或切开后，应立即食用，若发现品质不良，即停止采用。

（3）水果打汁，维生素容易被氧化，应尽快饮用。

六、鱼肉类

1. 储存方法

（1）鱼。除去鳞鳃内脏，冲洗清洁，沥干水分，以清洁塑胶袋套好，放入冷藏库（箱）冻结层内，但不宜储放太久。

（2）肉。肉和内脏应清洗，沥干水分，装于清洁塑胶袋内，放在冻结层内，但也不要储放太久。若要碎肉，应将整块肉清洗沥干后再绞，视需要分装于清洁塑胶袋内，放在冻结层。假若置于冷藏层，时间最好不要超过24小时，解冻过的食品，不宜再冻结储存。

2. 储存时间

肉类储存在冷冻室与冷藏室的储存时限如下。

（1）牛肉类。在冷藏室，新鲜肉品如内脏只可放1天，绞肉1～2天，肉排2～3日，大块肉2～4日；在冷冻室，内脏可储存1～2个月，绞肉2～3个月，肉排6～9个月，大块肉6～12个月。

（2）猪肉类。在冷藏室，新鲜猪肉可放2～3天，绞肉1～2天，大块肉

2～4天；在冷冻室，绞肉可放1～2个月，肉排2～3个月，大块肉3～6个月。

（3）鸡鸭禽类。在冷藏室，鸡鸭肉可储存2～3天；在冷冻室，可存放1年。鸡鸭肝可冷藏1～2天，冷冻3个月。

七、调制食品

（1）储放在阴凉干燥处或冰箱内，不宜储放太久，先购者先用。

（2）拆封后尽快用完，若发现品质不良时，即停止使用。

（3）番茄酱未开封的不放冰箱，可保存1年，开封后应放在冷藏室；沙拉酱未开封的不放冰箱，可存放2～3个月，开封后最好放冰箱冷藏；花生酱放冰箱可延长保存期限。

八、豆、乳品、蛋储存法

（1）豆类。干豆类略为清理保存；青豆类应漂洗后沥干，放在清洁干燥容器内；豆腐、豆干类用冷开水清洗后沥干，放入冰箱下层冷藏，并应尽快用完。

（2）乳品。瓶装乳最好一次用完，未开瓶的鲜奶若不立即饮用，应放在5℃以下冰箱储藏；未用完的罐装奶，应自罐中倒入有盖的玻璃杯内，再放入冰箱，并尽快饮用；圆形会滚动的罐装或瓶装牛奶，最好不要放在冰箱门架上，因为门的开关摇动及温度的变动，会影响牛奶使之变质；乳粉以干净的勺子取用，用后紧密盖好，仍要尽快使用；奶油可冷藏1～2周，冷冻2个月。

（3）蛋。擦拭外壳污物，钝端向上置于冰箱蛋架上，新鲜鸡蛋可冷藏4～5周，煮过的蛋1周，不可放入冷冻室。

（4）拆封后，凡发现有品质不良时，即停止使用。豆、蛋和乳制品都含有大量蛋白质，极易腐败，因此应尽快使用。

九、酱油储存法

（1）置放阴凉处所，勿受热、光照射。

（2）开封使用后，应将瓶盖盖好，以防虫鼠或异物进入，并应尽快用完。

（3）不要储存太久，若发现变质，即停使用。

十、一般饮料储存方法

一般饮料包括汽水、可乐、果汁、咖啡、茶等，储存方法如下。

（1）储放在阴凉干燥处或冰箱内，不要受潮及阳光照射。

（2）不要储存太多太久，按照保存期限，尽快轮转使用。

（3）拆封后尽快用完，若发现品质不良，即停使用。

（4）饮料打开后，尽快一次用完，未能用完时，应予加盖，存于冰箱中，以减少氧化损失。

十一、酒类储存方法

1. 一般储存要领

因为酒类极易被空气与细菌侵入，而导致变质，所以买进的酒应适当储放，这可提高与改善酒本身的价值，然而一旦放置不良或保存不当，则变质概率将大增。

凡酒类储存的场所，需注意如下问题。

（1）位置：应设各种不同的酒架，常用的酒如啤酒放置于外侧，贵重的酒置于内侧。

（2）温度：所有的酒保持在室温15℃的凉爽干燥处。

（3）光线：以微弱地能见度为宜。

（4）不可与特殊气味物并存，以免破坏酒的味道。

（5）尽量避免震荡，致丧失原味，所以密封箱勿常搬动。

（6）放置阴凉处，勿使阳光照射到。

2. 各种酒类的储存方法

（1）啤酒为唯一越新鲜越好的酒类，购入后不可久藏，在室内约可保持3个月不变质。保管最佳温度为6～10℃，10～13℃稍嫌太热，13～16℃会危害酒质，引起另一次的发酵，16℃以上则啤酒会变质，但过冷亦不行，2℃以下则会使啤酒混浊不清，并应切忌冷热剧烈变化，如啤酒存放冰箱后取出放置一段时间，再放入冰箱，如此反复冷热，易发生混浊或沉淀现象。

（2）葡萄酒中的白葡萄酒为冷饮，故放在下层橱架，置放宜永不竖立，应该是平放，或以瓶口向下成15度斜角，因为葡萄酒瓶均用软木塞，用意在使软木塞为酒浸润，永远膨胀，以免空气侵入。置于10℃的温度，最能长期保存葡萄酒的品质。

（3）其他酒类则不必卧置，一方面是较为方便，另一方面是因空气对它没有太多作用，故不怕其内侵。

酒类的储存期限长短差异极大，有的是越陈越香越珍贵，有的却是耐不住久放。酒对于一般餐厅来说，只不过扮演餐膳中的饮品罢了，并非主要产品，但仍需根据食品卫生法规定，注意其标示制造日期或保存期限，一般保存期限以出厂日起算，生啤酒2～3天、啤酒半年、水果酒类无期限、其他酒类以1年为宜。

二、食品原料发放管理

食品原料发放管理目的：一是保证厨房用料得到及时、充分地供应；二是控制厨房用料数量；三是正确记录厨房用料成本。

（一）定时发放

为了有充分的时间整理仓库，检查各种原料的情况，不至于成天忙于发原料，耽误其他必要的工作，应作出领料时间的规定，如上午8～10时、下午2～4时。仓库不应一天24小时都开放，更不应任何时间都可以领料，如果这样，原料发放难免失去控制。

同时，只要有可能，应该规定领料部门提前一天送交领料单，不能让领料人员立等取料，这样，保管员便有充分时间准备原料，免出差错，而且还能促使厨房作出周密的用料计划。

（二）原料物资领用单使用制度

为了记录每一次发放的原料物资数量及其价值，以正确计算食品成本，仓库原料发放必须坚持凭领用单（领料单）发放的原则。领用单应由厨房领料人员填写，由厨师长核准签字，然后送仓库领料，保管员凭单发料后应在领用单上签字。原料物资领用单须一式三份，一联随原料物资交回领料部门，一联由仓库转财务部，一联作仓库留存。正确如实记录原料使用情况。

餐厅厨房经常需要提前准备数日以后所需的食物，如一次大型宴会的食物往往需要数天甚至一周的准备时间，因此，如果有原料不在领取日使用，而在此后某天才使用，则必须在原料物资领用单上注明该原料消耗日期，以便把该原料的价值记入其使用的食品成本。

（三）正确计价

原料发放完毕，保管员必须逐一为原料领用单计价。原料的价格，在进料时都已注明在原料的包装上，如果是肉类，则在双联标签的存根上，如果餐厅没有采取这种方法，则常以原料的最近价格进行领用单原料计价。计价完毕，连同双联标签存根一起，把所有领用单送交食品成本控制员，后者即可以此计算当天的食品成本。

（四）内部原料调拨处理

大型餐厅往往设有多处餐厅、酒吧，因而通常会有多个厨房。餐厅之间、酒吧之间，或餐厅与酒吧之间不免发生食品原料的互相调拨转让，而厨房之间的原料物资调拨则更为经常。为了使各自的成本核算达到应有的准确性，餐厅内部原料物资调拨应坚持使用调拨单（见表6-2），以记录所有的调拨往来。调拨单应一式四份，除原料调出、调入部门各留存一份外，一份应及时送交财务部，一份由仓库记账，以使各部门的营业结果得到正确的反映。

三、账卡管理作业

应建立"凡物必有账"的制度，要求员工迅速而确实地按规定填报，以发挥表报功效，减少消耗与浪费，从而达成成本控制、增加利润的目的。

(1) 物料验收时，有验收报告表。

(2) 发料时，出库必须有填写正确的出库领料单（见表6-3）才能放行。

表6-2　餐厅内部原料物资调拨单

调入部门：　　　　　　　　　　　调出部门：
　　　　年　月　日　　　　　　　　　　　　　　　No.

品名	规格	单位	请领数	实发数	金额	备注
合计						

表6-3　出库领料单

部门：　　　　　　　　　　　日期：　年　月　日

料号	数量	单位	品名	保管组查注			登记	备注
				月	日	领		
				月	日	领		
				月	日	领		
				月	日	领		
请领		核转		核准		经发		签收

（3）物料在各单位间移转时，也应使用移转单，转货并转账，给会计部门计算各单位实际发生的成本与利润。

四、料的存管

食材的配发，是根据"出库领料单"，但领料单上所填报数量的多少，却有赖标准食谱及标准用量的制定，因此标准食谱不但有利于采购定量，对于存货管理亦具功效。

（一）食品的存管

（1）收集并核对所有的交货通知单、发票、退货单以及收货报告。

（2）核对所有文书中出现的数目字。

（3）核对获准的正确折扣。

（4）核对交货通知单并将其放入卡片账簿。

（5）管制周期性的存货。

（6）定期清查装货的空箱或容器，并列账以便回收。

(7) 定期清点库存的食品及厨房中的食物，并与存货清单互作比对。
(8) 制作盘存（清点存货）报告及盘存差异报告。
(9) 保存现时的食物管制报告。

（二）饮料的存管

(1) 表单核对：核对并结算交货通知单、退货通知单、发票以及收货报告表。
(2) 数字校对：核对所有书面作业上的数目字。
(3) 折扣核对：核对已被容许的正确折扣。
(4) 账册登录：交货通知单等文件核对后，分别登记于酒窖账中。
(5) 保持永久而连续性的饮料存货账。
(6) 保持退瓶回收费用账。
(7) 制作可以退费的容器清单，包括空瓶、酒坛、板条箱等。
(8) 制作期间性的存货清单，以供定期和永久而连续性的饮料存货账相互比较，并供饮料管制报告之用。
(9) 制作存货清点报告，其内容为货品的种类及价值、存货发出的流动率等。
(10) 每天都要制作一份饮料管制报告，详列当天的营业量和营业额。

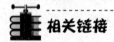

相关链接

物的存管也不容忽视

物依其耗损频率可分消耗品及非消耗品，两者存管的差异很大，在此分别叙述。

1. 消耗品的存管

消耗品一般体积较小、耐用度低、容易耗损，凡餐厅所用的烹调器具、各式餐具、布巾类、清洁用品、文具等，都属于经常性消耗品。

(1) 消耗品的备品补充，应制定单位使用备补标准量，依物品性质，如文具、清洁用品按实际情形补充，如炊膳用具备品补充须缴旧换新，如布巾类大多设定3套，1套使用中、1套换洗中、1套在库存，如此更替使用，汰旧换新，淘汰的布巾缴库改作拖把或抹布以备再利用。

(2) 餐具类或布巾类应设有损耗率的规定，如金属餐具一般为1%、陶瓷器为3%、玻璃器为5%、布巾类为3%，所定比率可依情况往下调整，以减少损耗，提高存管效果。

(3) 耗损报销手续，先要报请主管核准，缴回旧品换发新品，如超过损耗率者，使用单位或使用负责人负责赔偿，才能杜绝物品数量流失。

(4) 为防止列管物品损失，一定要加强监督，门柜加锁防盗、门禁管制携出，领物出库凭申请单核发，以建立完善的存管制度。凡物列管有账卡、损耗报销有根据，才能养成员工爱护公司财产、保养重于修护、修护重于购置的心态，使财物发生最大的效用。

（5）使用单位负责人职位调动或离职，应办理移交手续，造具移交清册，以示交接责任分明。

2. 非消耗品的存管

非消耗品是指体积较大、坚固耐用度高者，如金属物品、木器家具、电子机具等。

（1）非消耗品因不易损毁，都归属使用单位负责管理。如厨房中的炊膳笼、锅、电子烹饪机具、冰箱等，应由总厨师负责保管使用；餐厅中的家具如餐桌、椅、沙发、橱柜、装饰物品等，应由服务员负责保管使用；电气设备、空气调节冷暖气机、音响、照明及舞台设备等，应指定专门技术人员专责保管使用。凡物均有专人负责管理。

（2）非消耗物品虽分属各单位保管使用，但仍应列入"财产"管理系统，统一登录"财产管理账卡"，予以编号列管，该保管卡格式含类别、编号、品名、单位、数量、总价、购置年月日、配置地点、使用保管单位负责人，表单一式两份，由使用单位负责人签盖后，一份存使用单位，一份存库列管，作为物账与盘点的根据。

（3）非消耗性物品列管使用限期，一般设定为3年。第1年可能外观受损；第2年机具使用程度性的磨损，所以应注重维护保养，平时由使用单位负责洗、擦及整理，定期的每月或每季由专门技术人员保养修缮；第3年可考虑财产折旧，编列预算，更新设备。

（4）家具、机具切忌外借。在餐厅如发生桌椅散失，这可能是因外借或是外烩未能及时收回或归还的失误，所以，即使外烩使用家具，也应办理家具外借手续，以免散失。

五、盘点

（一）盘点作用

盘点是仓管人员及使用单位在物料管理上重要的一项工作，因盘点后的数据可提供给店长在库存管理上很大的参考价值。盘点具有下列3项主要的作用。

（1）财务部门记账的依据。盘点本为会计作业中的一项工作，它有记账与稽核的双重功能。

（2）存货差异与产能控制的依据。对营业单位要了解营运后各项产品或物料的应产率是多少？精确的盘点是必要的。

（3）订货与采购的依据。当采购人员要采购货品或订货时，该项物品过去的耗用情形及现有的库存资料是必要的参考资料之一，而此资料也必须经由盘点之后的数据计算而来。

（二）盘点规定

1. 盘点工作要求

盘存清点，等于是健康检查，由此才能知道今后的管理对策，所以对盘点工作要求：一要彻底、确实、迅速；二要追查与分析发生错误的原因。因此，在执行上要求注意的事项如下。

（1）物料的编号名称要求与账册相符。

（2）物料的单位与数量要作确实的清点。

（3）物料的品质要求按性质妥善保护。

（4）物料的规格与存放地位置与账面所注确实相符。

（5）物料存量勿超过最高存量或最低存量的基准。

2. 盘点表单

进出物料账目要确实，报表凭证要迅速，因此，要有簿记登录货卡及收发日报表，其内容包括收发物料编号、名称、规范、单位、收发数量等。月结盘存明细表的内容为上期结存量、本期收入量、本期发出量、本期结存的数量、单价、金额等。货品盘存明细表见表6-4。

表6-4　货品盘存明细表

年　月　日至　年　月　日止　　　　　　　　　　第　号第　页

品名	单位	上期结存数量	本期购入数量	本期发出数量	本期结存										备注
					数量	单价			金额						
						百	十	元	角	分	万	千	百	十	元	角	分	

3. 在会计部门监督下进行

盘点作业必须在会计部门的监督下进行，每个月底，会计部门应清点实际存货并核对存货清单，同时制作一份超额与缺额存货单送交经理部门。任何货品在储藏室内存放超过90天即视为逾期存货，储藏室主管应每月制作一份逾期存货清单送交主厨及店长，以便他们设法耗用这类滞销的货品，以免长期存放所造成的腐败或损失。

第七章

餐饮安全卫生管理

第一节　解读最新食品安全政策

第二节　各个环节控制食品安全

第三节　食物中毒预防

第四节　食物过敏预防

第五节　员工卫生管理

第六节　厨房卫生管理

第七节　废弃物处理及病媒动物防治

第一节 解读最新食品安全政策

一、必须办理手续

（1）餐饮服务提供者必须依法取得《餐饮服务许可证》，按照许可范围依法经营，并在就餐场所醒目位置悬挂或者摆放《餐饮服务许可证》。

> **特别提示**
>
> 被吊销《餐饮服务许可证》的单位，其直接负责的主管人员自处罚决定做出之日起5年内不得从事餐饮服务管理工作。餐饮服务提供者不得聘用规定的禁止从业人员从事管理工作。

（2）餐饮服务提供者应当建立健全食品安全管理制度，配备专职或者兼职食品安全管理人员。

（3）餐饮服务提供者应当建立并执行从业人员健康管理制度，建立从业人员健康档案。餐饮服务从业人员应当每年进行健康检查，取得健康合格证明后才可参加工作。

（4）从事直接入口食品工作的人员患有有碍食品安全疾病的，应当将其调整到其他不影响食品安全的工作岗位。

二、员工管理

餐饮服务提供者应当组织从业人员参加食品安全培训，学习食品安全法律、法规、标准和食品安全知识，明确食品安全责任，并建立培训档案；应当加强专（兼）职食品安全管理人员食品安全法律法规和相关食品安全管理知识的培训。

三、采购要求

（1）餐饮服务提供者应当建立食品、食品原料、食品添加剂和食品相关产品的采购查验和索证索票制度。

（2）餐饮服务提供者应当按照产品品种、进货时间先后次序有序整理采购记录及相关资料，妥善保存备查。记录、票据的保存期限不得少于2年。

（3）餐饮服务提供者应当按照国家有关规定和食品安全标准采购、保存和使用食品添加剂。应当将食品添加剂存放于专用橱柜等设施中，标示"食品添加剂"字样，妥善保管，并建立使用台账。

四、不得采购、使用和经营的食品

（一）《食品安全法》第二十八条规定禁止生产经营的食品

（1）用非食品原料生产的食品或者添加食品添加剂以外的化学物质和其他可能危害人体健康物质的食品，或者用回收食品作为原料生产的食品。

（2）致病性微生物、农药残留、兽药残留、重金属、污染物质以及其他危害人体健康的物质含量超过食品安全标准限量的食品。

（3）营养成分不符合食品安全标准的专供婴幼儿和其他特定人群的主辅食品。

（4）腐败变质、油脂酸败、霉变生虫、污秽不洁、混有异物、掺假掺杂或者感官性状异常的食品。

（5）病死、毒死或者死因不明的禽、畜、兽、水产动物肉类及其制品。

（6）未经动物卫生监督机构检疫或者检疫不合格的肉类，或者未经检验或者检验不合格的肉类制品。

（7）被包装材料、容器、运输工具等污染的食品。

（8）超过保质期的食品。

（9）无标签的预包装食品。

（10）国家为防病等特殊需要明令禁止生产经营的食品。

（11）其他不符合食品安全标准或者要求的食品。

（二）违反《食品安全法》第四十八条规定的食品

（1）食品和食品添加剂的标签、说明书，不得含有虚假、夸大的内容，不得涉及疾病预防、治疗功能。生产者对标签、说明书上所载明的内容负责。

（2）食品和食品添加剂的标签、说明书应当清楚、明显，容易辨识。

（3）食品和食品添加剂与其标签、说明书所载明的内容不符的，不得上市销售。

（三）违反《食品安全法》第五十条规定的食品

生产经营的食品中不得添加药品，但是可以添加按照传统既是食品又是中药材的物质。按照传统既是食品又是中药材的物质的目录由国务院卫生行政部门制定、公布。

（四）违反《食品安全法》第六十六条规定的进口预包装食品

（1）进口的预包装食品应当有中文标签、中文说明书。

（2）标签、说明书应当符合本法以及我国其他有关法律、行政法规的规定和食品安全国家标准的要求，载明食品的原产地以及境内代理商的名称、地址、联系方式。

(3) 预包装食品没有中文标签、中文说明书或者标签、说明书不符合本条规定的，不得进口。

五、食品安全操作规范

餐饮服务应当符合下列要求。

(1) 在制作加工过程中应当检查待加工的食品及食品原料，发现有腐败变质或者其他感官性状异常的，不得加工或者使用。

(2) 储存食品原料的场所、设备应当保持清洁，禁止存放有毒、有害物品及个人生活物品，应当分类、分架、隔墙、离地存放食品原料，并定期检查、处理变质或者超过保质期限的食品。

(3) 应当保持食品加工经营场所的内外环境整洁，消除老鼠、蟑螂、苍蝇和其他有害昆虫及其孳生条件。

(4) 应当定期维护食品加工、储存、陈列、消毒、保洁、保温、冷藏、冷冻等设备与设施，校验计量器具，及时清理清洗，确保正常运转和使用。

(5) 操作人员应当保持良好的个人卫生。

(6) 需要熟制加工的食品，应当烧熟煮透；需要冷藏的熟制品，应当在冷却后及时冷藏；应当将直接入口食品与食品原料或者半成品分开存放，半成品应当与食品原料分开存放。

(7) 制作凉菜应当达到专人负责、专室制作、工具专用、消毒专用和冷藏专用的要求。

(8) 用于餐饮加工操作的工具、设备必须无毒无害，标志或者区分明显，并做到分开使用、定位存放、用后洗净、保持清洁；接触直接入口食品的工具、设备应当在使用前进行消毒。

(9) 应当按照要求对餐具、饮具进行清洗、消毒，并在专用保洁设施内备用，不得使用未经清洗和消毒的餐具、饮具；购置、使用集中消毒企业供应的餐具、饮具，应当查验其经营资质，索取消毒合格凭证。

(10) 应当保持运输食品原料的工具与设备设施的清洁，必要时应当消毒。运输保温、冷藏（冻）食品应当有必要的且与提供的食品品种、数量相适应的保温、冷藏（冻）设备设施。

六、监管重点检查事项

食品安全监督检查人员对餐饮服务提供者进行监督检查时，重点检查事项如下。

(1) 餐饮服务许可情况。

（2）从业人员健康证明、食品安全知识培训和建立档案情况。

（3）环境卫生、个人卫生、食品用工具及设备、食品容器及包装材料、卫生设施、工艺流程情况。

（4）餐饮加工制作、销售、服务过程的食品安全情况。

（5）食品、食品添加剂、食品相关产品进货查验和索票索证制度及执行情况；制定食品安全事故应急处置制度及执行情况。

（6）食品原料、半成品、成品、食品添加剂等的感官性状、产品标签、说明书及储存条件。

（7）餐具、饮具、食品用工具及盛放直接入口食品的容器的清洗、消毒和保洁情况。

（8）用水的卫生情况。

（9）其他需要重点检查的情况。

七、抽样检验异议如何处理

（1）对检验结论有异议的，异议人有权自收到检验结果告知书之日起10日内，向组织实施抽样检验的食品药品监督管理部门提出书面复检申请，逾期未提出申请的，视为放弃该项权利。

（2）复检机构由复检申请人自行选择；复检机构与初检机构不得为同一机构；复检机构出具的复检结论为最终检验结论。

（3）复检费用的承担依《食品安全法实施条例》第三十五条的规定：食品生产经营者对依照食品安全法第六十条规定进行的抽样检验结论有异议申请复检，复检结论表明食品合格的，复检费用由抽样检验的部门承担，复检结论表明食品不合格的，复检费用由食品生产经营者承担。

八、法律责任

（一）未经许可从事餐饮服务

未经许可从事餐饮服务的，根据《食品安全法》第八十四条的规定予以处罚。

（1）没收违法所得、违法生产经营的食品、食品添加剂和用于违法生产经营的工具、设备、原料等物品。

（2）违法生产经营的食品、食品添加剂货值金额不足一万元的，并处二千元以上五万元以下罚款；货值金额一万元以上的，并处货值金额五倍以上十倍以下罚款。

（二）按未取得《餐饮服务许可证》查处

有下列情形之一的，按未取得《餐饮服务许可证》查处。

(1) 擅自改变餐饮服务经营地址、许可类别、备注项目的。
(2)《餐饮服务许可证》超过有效期限仍从事餐饮服务的。
(3) 使用经转让、涂改、出借、倒卖、出租的《餐饮服务许可证》，或者使用以其他形式非法取得的《餐饮服务许可证》从事餐饮服务的。

（三）《食品安全法》第八十五条的处罚规定

1. 餐饮服务提供者有下列情形之一的予以处罚

(1) 用非食品原料制作加工食品或者添加食品添加剂以外的化学物质和其他可能危害人体健康的物质，或者用回收食品作为原料制作加工食品的。
(2) 经营致病性微生物、农药残留、兽药残留、重金属、污染物质以及其他危害人体健康的物质含量超过食品安全标准限量的食品。
(3) 经营营养成分不符合食品安全标准的专供婴幼儿和其他特定人群的主辅食品。
(4) 经营腐败变质、油脂酸败、霉变生虫、污秽不洁、混有异物、掺假掺杂或者感官性状异常的食品。
(5) 经营病死、毒死或者死因不明的禽、畜、兽、水产动物肉类及其制品。
(6) 经营未经动物卫生监督机构检疫或者检疫不合格的肉类，或者未经检验或检验不合格的肉类制品。
(7) 经营超过保质期的食品。
(8) 经营国家为防病等特殊需要明令禁止经营的食品。
(9) 有关部门责令召回或者停止经营不符合食品安全标准的食品后，仍拒不召回或者停止经营的。
(10) 餐饮服务提供者违法改变经营条件造成严重后果的。

2. 处罚

(1) 没收违法所得、违法生产经营的食品和用于违法生产经营的工具、设备、原料等物品。
(2) 违法生产经营的食品货值金额不足一万元的，并处二千元以上五万元以下罚款。
(3) 货值金额一万元以上的，并处货值金额五倍以上十倍以下罚款。
(4) 情节严重的，吊销许可证。

（四）《食品安全法》第八十六条的处罚规定

1. 餐饮服务提供者有下列情形之一的予以处罚

(1) 经营或者使用被包装材料、容器、运输工具等污染的食品。
(2) 经营或者使用无标签及其他不符合《食品安全法》、《食品安全法实施条例》有关标签、说明书规定的预包装食品、食品添加剂。

(3) 经营添加药品的食品。

2. 处罚

(1) 没收违法所得、违法生产经营的食品和用于违法生产经营的工具、设备、原料等物品。

(2) 违法生产经营的食品货值金额不足一万元的，并处二千元以上五万元以下罚款。

(3) 货值金额一万元以上的，并处货值金额两倍以上五倍以下罚款。

(4) 情节严重的，责令停产停业，直至吊销许可证。

> **特别提示**
>
> 以上只是对部分违法情况进行了列举说明，对于从事餐饮业的你，还需要对《中华人民共和国食品安全法》、《中华人民共和国食品安全法实施条例》等国家相关规定进行了解。

九、食品安全事故如何处理

(1) 餐饮服务提供者应当制定食品安全事故处置方案，定期检查各项食品安全防范措施的落实情况，及时消除食品安全事故隐患。

(2) 餐饮服务提供者发生食品安全事故，应当立即封存导致或者可能导致食品安全事故的食品及其原料、工具及用具、设备设施和现场，在2小时之内向所在地县级人民政府卫生部门和食品药品监督管理部门报告，并按照相关监管部门的要求采取控制措施。

(3) 餐饮服务提供者应当配合食品安全监督管理部门进行食品安全事故调查处理，按照要求提供相关资料和样品，不得拒绝。

十、违法所得、货值金额

(1) 违法所得，是指违反《食品安全法》、《食品安全法实施条例》等食品安全法律法规和规章的规定，从事餐饮服务活动所取得的相关营业性收入。

(2) 货值金额，是指餐饮服务提供者经营的食品的市场价格总金额，其中原料及食品添加剂按进价计算，半成品按原料计算，成品按销售价格计算。

十一、"情节严重"情形

餐饮服务食品安全监督管理执法中，涉及《食品安全法》第八十五条、第八十六条、第八十七条适用时，"情节严重"包括但不限于下列情形。

（1）连续12个月内已受到2次以上较大数额罚款处罚或者连续12个月内已受到一次责令停业行政处罚的。

（2）造成重大社会影响或者有死亡病例等严重后果的。

十二、"从轻处罚"情形

餐饮服务提供者主动消除或者减轻违法行为危害后果，或者有其他法定情形的，应当依法从轻或者减轻处罚。

第二节　各个环节控制食品安全

一、食材采购

（一）要严格按规格采购各类菜肴原料

一定要确保购进原料能最大限度地发挥其应有作用，使加工生产变得方便快捷。没有制定采购规格标准的一般原料，要以保证菜品质量、按菜品的制作要求以及方便生产为前提，选购规格分量相当、质量上乘的原料，不得乱购残次品。

各种食材的采购标准，具体见本书食材采购相关章节。

（二）全面细致验收以保证进货质量

验收各类原料，要严格依据采购规格标准，对没有规定规格标准的采购原料或新上市的品种，对其质量把握不清楚的，要认真检查，从而保证验收质量。

（三）加强储存原料管理

严格区分原料性质，进行分类储藏。加强对储藏原料的食用周期检查，杜绝过期原料再加工制作。

加强对储存再制原料的管理，如泡菜、泡辣椒等，如这类原料需要量大，必须派专人负责。厨房已领用的原料，也要加强检查，确保其质量可靠和卫生安全。

二、生产阶段

菜点生产阶段主要应控制申领原料的数量和质量，及菜点加工、配份和烹调的质量。

（一）加工

（1）严格计划领料，并检查各类原料的质量，确认可靠才可加工生产。

（2）对各类原料的加工和切割，一定要根据烹调的需要，制定原料加工规格标准，保证加工质量。

（3）对各类浆、糊的调制建立标准，避免因人而异的盲目操作。

（二）配份

（1）准备一定数量的配菜小料即料头。对大量使用的菜肴主、配料的控制，则要求配份人员严格按菜肴配份标准称量取用各类原料，以保证菜肴风味。

（2）随着菜肴的翻新和菜肴成本的变化，及时调整用量，修订配份标准，并督导执行。

表7-1为菜肴配份标准示例，表7-2为点心成品配份标准示例，其他如面团、馅料、臊子等配份标准可依据示例自行设计填制。

表7-1　菜肴配份标准

数量单位：克

菜肴名称	分量	主料		辅料		料头		盛器规格	备注
		名称	数量	名称	数量	名称	数量		
鱼香肉丝	1例	猪肉丝	120	莴笋丝	30	姜蒜米	各8	7寸条盘	
				木耳丝	15	鱼眼葱	10		
麻婆豆腐	1例	豆腐	150	牛肉末	30	蒜苗	15	7寸条盘	
……									

表7-2　点心成品配份标准

数量单位：克

名称	分量	主料		辅料		盛器规格	备注
		名称	数量	名称	数量		
小笼包子	1个	发酵面团	30	肉馅	15	2寸圆碟	
清汤面条	1例	面条	30	菜心	10	2寸汤碗	
玻璃烧卖	1个	烧卖皮	1张	肉馅	20	2寸圆碟	
……							

（三）烹调

（1）开餐经营前，将经常使用的主要味型的调味汁，批量集中兑制，以便开餐烹调时随时取用，以减少因人而异时常出的偏差，保证出品口味质量的一致性。

（2）根据经营情况确定常用的主要味汁，并加以定量化。

三、消费阶段

（一）备餐

备餐要为菜肴配齐相应的佐料、卫生器具及用品。一道菜肴配一到两个味碟，一般由厨房按每个人头配制，多在备餐时配制。对备餐也应建立一些规定和标准，督导服务，方便顾客。

（二）上菜

服务员在上菜时，要及时规范，主动报菜名。对食用方法独特的菜肴，应对客人作适当介绍或提示。

四、食品安全检查

一定要做好各项食品安全的检查工作，防患于未然。食品安全检查项目及检查内容见表7-3。

表7-3　食品安全检查表

检查项目	检查内容	结　果
收料与检疫	（1）食品是否有害虫的风险 （2）食品是否被化学品污染 （3）包装是否干净、完整，能防止污染 （4）是否在保质期内并符合法定的规定 （5）收料后是否马上送到储藏处 （6）运输食品的车辆等工具是否干净，食品温度是否正确 （7）是否对肉、禽类食品进行动物检疫复核	
储存控制	（1）是否有保质期 （2）现场是否有库存管理程序 （3）储存温度是否正确 （4）是否有防虫控制措施 （5）在储藏处是否有化学和物理污染食品的可能性 （6）食品包装是否干净和合适 （7）是否有足够的设施安排食品的储存	
烹饪管理	（1）烹饪时间是否足够并按程序进行 （2）烹饪温度是否正确且按程序进行 （3）烹饪方法是否适合食品（大或小、多或少） （4）烹饪后是否有交叉污染 （5）烹饪结束时加入的原辅料是否有污染的可能 （6）烹饪是否按正确的时间计划进行，以避免烹饪后放置时间过长再服务（上菜） （7）使用的设备装置是否合适、完好 （8）冷藏和冷却程序是否安全 （9）食品再次加热时的温度是否足够	
保温控制	（1）保温时间和温度是否正确 （2）准备的食品是否太多 （3）是否有外来物、化学品的污染危险 （4）是否有与其他食品交叉污染的可能 （5）个人卫生是否符合规定 （6）服务及销售前发运程序是否安全 （7）操作台表面、器皿及设备是否干净 （8）保温食品是否过多（尽管处于安全状态下）	

续表

检查项目	检查内容	结　果
服务管理	（1）时间和温度是否正确 （2）个人卫生是否符合规定 （3）是否有防止外来物或消费者污染食品的措施 （4）是否提供公筷、公勺或推荐消费者分餐制用餐 （5）操作台表面、器皿及设备是否干净	
清洁管理	（1）清洁程序能否防止交叉污染 （2）现场是否有清洁程序，如清洁场所、设备和装置的程序 （3）是否安全、正确地使用化学品，是否按有关指示或规定使用 （4）是否使用合适的设施高效地进行清洁工作 （5）水温是否恰当 （6）现场是否有有关消毒的程序 （7）清洁设备和清洁剂是否与食品分开储存或放置 （8）是否有人负责清洁工作的监控	
个人卫生控制	（1）员工是否具有基本的食品安全和卫生知识 （2）员工是否有不卫生的举止（如吸烟） （3）员工是否遵循洗手的规定 （4）洗手和干手装置是否足够 （5）是否有足够的急救物品（包括防水止血贴、药箱、绷带） （6）员工是否佩戴首饰及涂指甲油 （7）员工是否穿戴合适的、卫生的工作服、帽 （8）是否对设备、装置进行颜色编码及正确使用 （9）是否戴手套，是否按规定换手套 （10）员工是否患病或感染仍在岗位上及有引起食品中毒的可能 （11）员工是否知道患某些疾病和感染必须向上级领导报告	
食品包装管理	（1）用于包装食品的材料是否安全 （2）包装时，温度是否始终安全 （3）是否卫生地储存有关材料 （4）食品标签是否正确，包括有关储存条件	
废料控制	（1）水温是否恰当 （2）食品废料及垃圾是否被卫生地收集 （3）垃圾箱是否合适。 （4）放置废料的区域及设备是否干净 （5）是否按规定合理地收集有关场所的废料 （6）现场的废料是否先卫生地集中后等待收集	
虫害控制	（1）现场是否有虫害控制程序 （2）员工是否知道发现虫害问题必须马上报告上级领导 （3）在操作场所是否有虫害监控措施	
消毒管理	（1）现场是否有消毒控制程序 （2）员工是否知道消毒的重要性 （3）在操作场所是否有消毒监控措施	

第三节　食物中毒预防

一、采购源头控制

在预防食物中毒方面要注意的地方很多，但其中一点在于采购源头控制。

（1）禁止采购不能出售的食物，如河豚、野生蘑菇、新鲜木耳、新鲜黄花菜、病死或死因不明的禽畜肉、水产品等。

（2）所有采购的粮食、油料、干货等食品的包装要有QS标志。

（3）所有采购的畜禽等生食品要索取卫生部门及检验部门颁发的检验检疫证明。

（4）蔬菜购买要索取农药残留证件。

（5）购买豆制品要索取国家质量标准证件。

（6）决不采购"三无产品"。

二、细菌性食物中毒的预防

（1）减少或彻底杜绝各种有害细菌对食物的污染。

（2）凡容器、切肉刀板只要接触过生肉、生内脏的都应及时洗刷清洁，严格做到生熟用具分开、冷藏设备分开、加工人员分开、加工场所分开。

（3）生熟动物性食品及其制品，都应尽量在低温条件下保存，暂时缺乏冷藏设备时，应及时将食品放于阴凉通风处。

（4）严禁食用病死或病后屠宰的家禽畜。对肉类等动物性食品，在烹调时应注意充分加热。

（5）禁止家禽、家畜及宠物进入厨房或食品加工室，彻底消灭厨房、储存室、大厅等处的老鼠、蟑螂、苍蝇等害虫。

三、化学性食物中毒的预防

（1）禁止使用装过含砷、有机磷等农药的容器盛放粮食和其他食品，不用镀锌容器盛放、煮制、加工酸性食物。

（2）严格遵守食品卫生标准，凡食材中镉与汞含量超过国家规定标准的一律不进行菜品加工。

（3）控制食材及添加剂中的含铅量，使用添加剂时要严格按国家标准执行。

（4）蔬菜、水果食用前需清洗、浸泡或削皮，以降低有机磷农药在食物中的残留量。

四、有毒动、植物食物中毒的预防

（1）不加工出售有毒或腐败变质的鱼类食品，尤其是青皮红肉鱼类，对含组胺较多的鱼类，应注意烹调方法，减轻其毒性。

（2）加工前应对菌类进行鉴别，对于未能识别有毒或无毒的菌种类，应该把样品送有关部门的鉴定，确认无毒后方可食用。

（3）马铃薯应在低温、无阳光直射的场所储存，发芽较重及变黑变绿的马铃薯不得加工食用。

（4）食用芸豆时应充分熟透，避免食用沸水焯过和旺火快炒的芸豆菜肴。

（5）加工杏仁时均应充分加热，敞开锅盖使其失去毒性。

(6)木薯不能生吃,加工要去皮、水浸、煮熟,新鲜木薯要剥去内皮后再进行加工,浸泡木薯的水及薯汤不宜弃于池塘内。

五、真菌毒素食物中毒的预防

(1)防霉变。控制温度和湿度,粮食储存要清洁干燥、低温,要装有通风设备,根据粮温、库温及湿度采取降温、降湿措施。

(2)祛毒素。如果粮食已被黄曲霉菌污染并产生毒素后,应设法将毒素清除或破坏,可使用挑选霉粒法、碾轧加工法、加碱去毒法、物理吸附法、加水搓洗法等方法。

六、食物中毒的处理

(1)顾客在用餐时,突发不明疾病晕倒或出现其他不良症状,离患者最近的服务员应立即上前将其扶到座位上,请人照看,及时向大厅主管报告,同时迅速告知行政总厨赶到现场。

(2)工作人员在第一时间请一位同事陪同送往就近医院进行抢救,紧急情况要拨打"120"急救电话,同时向主管领导通报情况。

(3)若出现第二例以上症状病人,应立即停止售卖工作,做好现场保护工作,同时通知领导,听取处理意见,必要时拨打"120"急救,并通知食品卫生监督部门人员到场,配合调查处理。

(4)保存好出售食品的留样,以备相关部门化验检查。

第四节 食物过敏预防

大量改良品种、基因产品逐渐上市,增加了食品的不安全因素,其中一部分就是能引起过敏,而且容易被人们忽视的。

案例

小阳请朋友小莉到一家川菜餐厅吃饭,服务员为她们推荐了时令蔬菜"凉拌藠头",俩人以前都没有吃过,决定尝尝。凉拌藠头看着让人很有食欲,俩人都觉得很好吃,可是,突然小莉晕倒了,餐厅经理和服务员都赶紧过来。

小阳也吓得不行,刚刚小莉还和她边吃边聊,怎么突然就晕倒了呢?今天小莉气色看着不错,不像生病了。大家一起将小莉送到附近医院,可是没有查出有什么问题。小莉到医院一会儿后就醒了,没什么大碍。

同时,餐厅负责人也将她俩吃过的食物送到卫生部门检验,也没有问题。那

问题到底出在哪里呢？小莉说她以前从来没有出现过这样的情况。

小阳将小莉送回家时，告诉小莉妈妈吃饭时小莉突然晕倒了，刚从医院回来，可是没有发现晕倒原因，食物没有问题，小莉身体也没有问题。小莉妈妈问她俩吃了哪些菜，小阳刚说到"凉拌藠头"，小莉妈妈就说："我告诉她不要吃藠头，怎么就忘了呢？她对藠头过敏的。"

原来是小莉自己对藠头过敏，只是忘记了，所以才会出现在餐厅晕倒的一幕。小阳于是打电话给餐厅负责人，告诉他们小莉晕倒是由于对藠头过敏引起的。

一、认识食品过敏

（一）食物过敏

食物过敏是食物引起对机体对免疫系统的异常反应，主要是因为人体对某些外来食物成分的反应过火或对某些蛋白质以及某些食物成分缺乏消化能力。常见的食物过敏，与免疫球蛋白E有关，而致敏物即为某些蛋白。蛋白质是生物体内最复杂，也是最重要的物质之一，异体蛋白质进入人体后可能会引发过敏反应，这就是为什么在食品的成分和食用量都正常的情况下，少数消费者食用后却会有不同形式的过敏反应发生。

（二）食物过敏反应

食品过敏原产生的过敏反应包括呼吸系统、肠胃系统、中枢神经系统、皮肤、肌肉和骨骼等不同形式的临床症状，幸运的是大多数食品的过敏反应是相对温和的。

（1）当摄入了有关的食物，其中的食品过敏原可能导致一系列的过敏反应。过敏反应通常会在一个小时内出现，症状明显，有时表现得会较激烈，包括诸如呕吐、腹泻、呼吸困难、嘴唇和舌头或咽喉肿胀、血压骤降等。

（2）因食品产生的敏感或不适反应却可能在几小时内，甚至几天后才会发生，叫做缓慢性过敏反应，主要的症状有湿疹、胃肠不适综合征、偏头痛、麻疹、鼻炎、全身乏力、哮喘、关节炎、疼痛、儿童多动症等。

（3）有一小部分人有非常严重的甚至威胁生命的反应，叫过敏性休克（Anaphylactic Shock）。过敏性休克是一种血压突然降低的现象，如不迅速治疗可以致命。

相关链接

各国食物过敏情况

据估算，美国3.5%～4%成人、5%～6%婴儿和儿童有真正的食品过敏症，每年因食物过敏的急诊病例约2万例，其中大约950例对食品严重的反应需要住院治疗，150～200人因食物过敏造成死亡。

欧洲2001年的研究显示，不同食物过敏的发生率大约是2%～4%，儿童的发生率则更高，因此整个欧盟4亿人口中约有1000万～1500万人口有食物过敏问题。

英国估计有总数达1500万人对各种物质——不只是食品——过敏（人口总数的1/4），其中每年有2000例以上的过敏哮喘死亡，全部或部分原因与食物过敏有关。

20世纪90年代中期以后，因为食品过敏原问题而召回的产品越来越普遍。FDA进行的统计显示，约有25%的包装食品存在有过敏原问题，如果对这些产品采取措施，召回的产品数量将十分庞大。

二、最常见食物过敏原

要做好食物过敏预防工作，一定要熟悉常见食物过敏原。

（一）严重的过敏原

（1）"八大样"：蛋品、牛奶、花生、黄豆、小麦、树木坚果、鱼类和甲壳类食品。

（2）"八小样"：芝麻籽、葵花子、棉籽、罂粟籽、水果、豆类（不包括绿豆）、豌豆和小扁豆。

（3）其他：柠檬黄、亚硫酸盐、胶乳。

（二）主要致敏物

主要致敏物，具体见表7-4。

表7-4 主要致敏物

序号	成分	例如
1	花生及其制品	烘烤花生、花生酱、花生粉、花生油、落花生
2	甲壳类动物及其制品	小虾、螃蟹、龙虾、小龙虾
3	鱼类及其制品	狼鲈、鲣鱼、比目鱼、金枪鱼、凤尾鱼、鳕鱼、鲑鱼、鱼油、鱼明胶、鱼粉、鱼肉
4	蛋类及其制品	蛋清、蛋黄、卵蛋白质、卵白蛋白、溶菌酶、卵黏蛋白、蛋磷脂
5	（树）坚果类及其制品	杏仁、榛子、胡桃、腰果、山核桃、巴西坚果、阿月浑子坚果、澳大利亚坚果、及昆士兰坚果、坚果油
6	乳及乳制品（包括乳糖）	脱脂乳、奶油、乳脂肪、酪乳、干酪素、酪蛋白酸盐、乳清、凝乳、干酪、稀奶油、酸奶、乳白蛋白、乳糖
7	大豆及其制品	大豆蛋白、组织化或水解植物蛋白、大豆零食、大豆粉、大豆磷脂、大豆油、酱油（大豆制）、日本豆面酱、豆腐、生育酚（维生素E）、植物甾醇类
8	含谷蛋白的谷物及其制品	含谷蛋白谷物的完整清单：小麦、黑麦、大麦、燕麦、斯佩尔特小麦、远古硬质小麦及其杂交品种

续表

序号	成分	例如
9	二氧化硫及亚硫酸盐	亚硫酸钠代谢物、酸式亚硫酸钠、二氧化硫
10	芹菜及其制品	芹菜籽、块根芹、芹菜油、芹菜叶、芹菜浸提香油精
11	芝麻籽及其制品	芝麻籽、芝麻油、芝麻酱
12	芥末及其制品	芥菜籽、芥末油、芥末浸提树脂油、芥末粉
13	羽扇豆及其制品	羽扇豆粉、羽扇豆籽
14	软体动物及其制品	蛤、扇贝、牡蛎、蚌类、章鱼、蜗牛等

> **特别提示**
>
> 这些食品过敏原占了在案的食品过敏反应中的90%，并且一些反应可能是严重或威胁生命的！目前为止，对食物过敏尚无非常有效的治疗手段，惟一可行的办法就是避开那些含有导致过敏成分的食物。

三、过敏原预防管理

（一）采购

（1）确认原材料中是否含有已知的过敏原成分，同时，包装材料也应视为原材料来检查和核对其是否含有过敏原成分。应采购满足规格的原料。

（2）运输工具也必须特别注意，因为它在运送不同物品时也可能导致交叉污染。

（二）储存加工

（1）对含有过敏原成分的原材料隔离储存，做好相应标识，严禁叠放在其他原料上，以防止跌落或飘洒引起的其他原料污染。

（2）如果储罐中发现有过敏原成分，如果不能专用，则需要进行严格的清洗工作防止过敏原成分对其他成分的污染。

（3）避免来自其他生产区域或外部的交叉感染。

（三）品质检验

（1）对采购原辅材料、包装材料进行进一步识别确认。

（2）做好生产加工环节的日常监管工作，确保没有交叉污染。

（3）收集过敏原相关信息，增加识别潜在的食品安全性问题的能力，协助各部门不断改进食物过敏的控制措施。

（四）标识标注

对于过敏原，餐厅要做好各种标识标注，提醒顾客注意。

1. 基本原则

（1）过敏原标识标注应准确、清晰、醒目、持久。

（2）过敏原标识标注应与餐饮食品摆放在同一视野内，易于就餐人员辨认和识读。

（3）配料应在过敏原标识标注中加以提示，如含有小麦、牛奶和蛋类。

（4）餐饮食品过敏原标识标注的字符高度不得小于5毫米。

2. 过敏原标识标注要求

（1）对含有如下列举的可以导致过敏反应的食品必须如实标注并标示。

——含有谷蛋白的谷物（小麦、面筋、荞麦、黑麦、燕麦、斯佩耳特小麦或它们的杂交品系及其产品）。

——甲壳类、贝类动物及其产品（虾、蟹、蛤、牡蛎、扇贝等）。

——蛋类及蛋类产品（鸡蛋、鸡蛋清、鸡蛋黄等）。

——鱼类及鱼类产品、海产品（鳕鱼、金枪鱼、三文鱼）。

——头足类及其产品（鱿鱼等）。

——花生、大豆、芝麻及其产品。

——乳及乳制品（牛奶、奶酪、奶油、干酪、干酪素、乳清、酸乳酪等）。

——木本坚果及坚果类产品（榛子、开心果、腰果、核桃、杏仁等）。

——蔬菜、水果、食用菌（芹菜、胡萝卜、扁豆、豆芽、苹果、猕猴桃、草莓、桃、橘子、芒果、荔枝、桂圆、红毛丹、蘑菇等）。

——调料（味精、芥末、咖喱、黑胡椒、辣椒、花椒等）。

——加入10mg/kg或以上亚硫酸盐的产品。

（2）加入由两种或两种以上的其他配料构成的复合配料的食品，如含有"（1）"中所列举的可以导致过敏反应的食品，应进行提示。

（3）不能确定但可能含有"（1）"所列举的过敏原食品可写上"可能含有××"或"不能保证不含有×××"等警示语句。

第五节 员工卫生管理

一、做好健康检查

（一）新进人员健康检查

对于新进人员，要求持有健康证，才可以予以录用。

健康检查中应检查诊断的项目有：经历检查，检查是否有自觉症状与其他症状；检查身高、体重、视力、是否色盲及听力、胸部X光检查、量血压、测定尿中是否有糖尿与蛋白尿；粪便的细菌检查（必要时做寄生虫卵检查）。

> **特别提示**
>
> 如患有出疹、脓疮、外伤、结核病等可能造成食品污染的疾病，则不得从事与食品接触的工作，在进行员工招聘时，一定要特别注意。

（二）定期健康检查

对于在职员工，要做好定期健康检查，便于提早发现问题、解决问题。因为有的带菌者本身并没有疾病症状，所以健康检查有助于早期发现疾病并给予适当治疗，同时可帮助受检者了解本身的健康状态及变化。定期健康检查每年至少一次。

二、员工个人卫生

（一）具有健康意识

餐饮店经营者要培养员工的健康意识，经常对其进行培训。
（1）保持身体健康，精神饱满，睡眠充足，完成工作而不觉得过度劳累。
（2）如感不适，应及时报告。如呼吸系统的任何不正常情况（感冒、咽喉炎、扁桃体炎、支气管疾病和肺部疾病）；肠疾，如腹泻；报告任何皮肤发疹、生疖等疾病；报告受伤情况，包括被刀或其他利器划破和烧伤等。
（3）当手指割伤或戳伤时，应立即用止血胶带包扎好。
（4）当发生刀伤或烫伤事故时，应立即进行急救。

（二）讲究个人卫生

作为餐饮从业人员，必须注意个人卫生。
（1）不用指尖搔头、挖鼻孔、擦拭嘴巴。
（2）要勤洗手，饭前、厕后及接触食品或食品器具、器皿前都应洗手，保持双手的清洁卫生。
（3）不可以在他人面前咳嗽、打喷嚏。
（4）经常洗脸、洗澡以确保身体的清洁。
（5）经常理发、洗头、剪指甲。
（6）不随地吐痰、抛弃果皮废物。
（7）注意保持仪容整洁，不留胡须，要剪短头发，戴帽后头发不可露出。

(8) 不可佩戴饰物，经常保持服装干净整洁。

(9) 穿干净、低跟、合脚、防滑的鞋，鞋跟和鞋底都应注意卫生和安全。

三、工作卫生

工作卫生是防止工作人员因工作时的疏忽而导致食物、用具遭受污染。

(1) 工作人员不可在工作场所吸烟、饮食和嚼口香糖，非必要时勿互相交谈。

(2) 有病的人员不要安排工作，患感冒、咳嗽、创伤或长疖子的员工很容易污染食品。发现有传染疾病的员工应该首先治病，在没有得到医生允许的情况下不能返回岗位。

(3) 在工作中，必须随身携带的小物品应当放在较低的口袋中，防止弯腰时掉进食品中。

(4) 每餐工作前洗手消毒，装盘、取菜、传送食品使用托盘盖具；不用手拿取食品；取冷菜使用冷盘，热菜用热盘；面包、甜品用托盘、夹子，冰块用冰铲，保证食品卫生安全，防止二次污染；发现污秽及时清除，及时撤换顾客用过的碗碟、烟灰缸，随时清理台面杂物或污点；工作柜内餐具、调料盅应清洁卫生、摆放整齐；甜品展示柜、服务车无油渍。

(5) 拿取餐具、食物都要采用卫生方法，不要用手接触餐具上顾客入口的部位；餐具要拿柄，玻璃杯要拿底部，拿盘子时拇指只能接触盘子的边缘部分；品尝食物时要使用清洁的匙，而不能用手直接抓取，准备食物时要尽可能地使用各种器皿用具；如果食物必须用手操作，则须戴好塑料手套，而且操作完后必须处理好使用过的手套；器皿、器具如曾掉落在地上，应洗净后再使用，熟食掉落地上则应弃置，不可使用。除上述外，工作时应不使用破裂器皿，注意避免成品污染。

(6) 收拾桌面残食时注意卫生，牙签、纸巾等杂料避免掉在地上，以免不雅和增加清洁困难。

第六节　厨房卫生管理

一、厨房环境卫生

厨房室内外环境一般包括天花板、墙壁、门窗、地面等。

（一）天花板

厨房天花板除了装饰功能外，更需要关注其卫生管理的问题。

(1) 注意日常清洗，主要用吸尘器或扫帚进行清洁，对局部被弄脏、污垢严重的地方，可用湿抹布进行擦拭或把清洁剂喷洒在天花板上，再用抹布擦拭。

（2）使用吸尘器清除天花，清洗时注意对墙壁上排气口部位的清洁，灰尘较厚的地方及无法用吸尘器除尘的墙角等，可用软刷或干抹布擦拭。

（二）墙壁

不同材质的墙壁清洗方法，具体见表7-5。

表7-5　不同材质的墙壁清洗方法

序号	类别	清洗方法	备注
1	瓷砖	（1）用湿抹布或浸润清洁剂溶液的抹布全面擦拭即可 （2）注意墙脚线较低位置的清洁，因为这一部分墙壁很容易溅染污水杂物等，在清洁除污时，可采用软刷刮擦的方法	对离地面较低的墙壁与墙角处的干结物，可用毛刷蘸清洁剂洗刷干净
2	喷塑、涂料粉刷装饰的墙壁	（1）主要用吸尘器或扫帚进行清洁 （2）对局部被弄脏、污垢严重的地方，可用湿抹布进行擦拭或把清洁剂喷洒在墙壁或天花板上，用抹布擦拭 （3）对墙壁上排气口部位的清洁，灰尘较厚的地方及无法用吸尘器除尘的墙角等处，可用软刷或干抹布擦拭	

（三）门窗与防蝇设施

厨房的门窗也是比较容易沾染污物的地方，主要是工作人员领取、搬运食材出入频繁。厨房的门主要包括门扇、门框、拉手、防蝇门帘等，其清洁方法见表7-6。

表7-6　门窗与防蝇设施卫生清洁

序号	设施	清洁方法	备注
1	门与门框	（1）粗加工、切配、烹调、餐用具清洗消毒等场所和各类专间的门应采用易清洗、不吸水的坚固材料制作；食品处理区的门应装配严密，与外界直接相通的门、各类专间的门应能自动关闭 （2）擦拭门框，先用湿抹布，每次一般用干净的抹布擦拭两遍，用浸润过清洁剂溶液的抹布把门框自上而下、从外到内擦拭一遍，再用清水把抹布洗涤干净，按同样顺序把门扇擦拭干净 （3）对门扇上方的玻璃，分别用湿、干抹布各擦拭一次，对门扇下方的木板，应先用长柄软刷蘸水洗刷一遍，再用干净抹布擦拭干净	对门及门框的清洁标准是无污物、无污迹、无油渍水迹
2	窗	（1）摘下纱窗，后用软毛刷蘸清洁剂溶液洗刷除去窗框、横梁、窗台、玻璃上的油渍、杂物、灰尘 （2）用清水冲洗干净，用湿抹布将窗框、横梁、窗台擦拭干净 （3）用不掉绒毛的软干布或吸水性能较好的纸巾把玻璃内外擦干水，然后用干净抹布蘸酒精擦拭窗户上的玻璃 （4）将清洁干净的纱窗安装在原来位置上	
3	纱窗	（1）摘下纱窗，用软毛扫帚将纱窗上的灰尘扫除 （2）用软毛刷蘸清洁剂溶液洗刷一遍 （3）用清水在水池内清洗干净 （4）捞出纱窗，晾干	
4	拉手	（1）在开餐后每隔1小时清洁一次 （2）拉手和拉手的周边地方，一般先用湿抹布擦拭一遍，以除其污迹 （3）用干净的抹布蘸消毒剂擦拭一遍，达到消毒效果 （4）再用干净的干抹布擦拭一遍，以免黏滑 （5）每天最后一次擦拭时，用消毒剂擦拭后，不必用干抹布擦干，使其自然晾干，以保持干燥后的杀菌效力	
5	灭蝇灯	每日营业结束时进行清洁	

（四）地面

地面的清洁也是必须认真对待的问题，粗加工、切配、餐用具清洗消毒和烹调等工序需经常冲洗场所，易潮湿场所的地面应易于清洗、防滑，并应有一定的排水坡度（不小于1.5%）及排水系统。

厨房日常卫生检查表见表7-7。

> **特别提示**
>
> 排水的流向应由高清洁操作区流向低清洁操作区，并有防止污水逆流的设计。排水沟出口设计应防止有害动物侵入。

表7-7　厨房日常卫生检查表

序号	检查项目内容	检查人	抽查人	检查范围	责任人	如何处理
1	作业中操作台面是否干净、整洁，原料放置是否有序					
2	作业中墩、刀、抹布是否清洁卫生					
3	凉菜、粥档及厨房内门窗、墙面是否干净，无油污、水渍					
4	作业中的地面是否干净整洁，无垃圾、杂物					
5	作业中的下脚料是否存放完好，废料是否随手放进垃圾桶					
6	菜肴出品是否有专用抹布、筷子					
7	各种盛放菜肴的器皿是否完好、干净，无油渍、水渍					
8	工作中员工如厕后是否洗手					
9	冰箱存放的原料是否合理，生熟是否分开，有无腐烂变质					
10	菜肴出品是否认真检查，确保菜肴中无异物、无量缺现象					
11	盘饰用品是否干净卫生，摆放是否合理、有美化效果					
12	盛装菜肴的盘边是否干净卫生，无水迹、油污、手印					
13	备用餐具是否干净，无污迹、水迹、杂物					
14	每道菜出品后，站厨师傅是否清理灶面卫生					
15	收台后操作台是否干净整洁，无污迹、杂物，工具摆放是否有序					
16	收档后墙面、地面是否干净，无杂物、污迹					
17	油烟机排风罩、玻璃、冰箱、冰柜是否干净、卫生，无污迹、油渍					
18	收档后的各种用具是否洗刷干净，摆放是否合理有序					

二、设施、设备卫生

（一）下水通道

（1）排污水系统必须保持完好无损，定期对下水通道进行清理，以保持排污水系统的畅通无阻。

（2）翻开窨沟翻盖或窨井盖，用铁铲铲除附在阴沟内或漂浮在窨井内的污物，用硬毛刷洗刷。

（3）阴沟盖及窨井盖也将附在上面的污物清除干净，用硬刷蘸碱水洗刷。

（4）用清水将阴沟与阴盖一起冲洗干净，冬季用热水冲洗干净。

（5）盖上阴沟翻盖与井盖，将阴沟和窨井周围的地面清洗干净。

（6）夏季在每天工作结束后，对阴沟及窨井盖进行彻底的清理，防止污水逆流及滋生微生物、病菌及蚊蝇等。冬季一般可每周清理2～3次，也可根据排污系统的实际情况进行定期清理。

（7）日常的使用过程中保持无臭味、无阻塞现象，阴沟盖及窨井盖面无污物、无油渍，清洁干爽。

（二）油烟排风设备

（1）油烟排风设备按从内到外、自上而下的顺序先用蘸过洗洁剂的抹布擦拭一遍，然后用干净的湿抹布擦拭一遍，最后再用干抹布擦拭一遍。擦拭的方法有两种，即常规性擦拭与一次性擦拭，常规性擦拭是指厨房在工作中，确定固定人员，按时对油烟排风设备进行擦拭，擦拭时使用干净的抹布，由内而外、由上而下擦拭一遍，一般每隔30分钟擦拭一次即可。

（2）油烟排风管道内的排风扇及管道口处的引风机，也要定期进行除尘清洗。

（3）油烟排风罩每天班后彻底擦拭一次，每周彻底清洗一次。方法是先用沾有洗涤液的抹布，把油烟排风设备从内到外擦拭一遍，然后再用干净的抹布把油烟排风设备从内到外擦拭两遍，确保油烟排风设备干净卫生。

（三）冰柜

（1）冰柜要定期除霜，确保制冷效果，除霜时溶解的冰水不能滴在食材上。

（2）冰柜要定期清理、洗刷，夏季至少每10天洗刷一次，冬季至少每30天洗刷一次。

（3）除霜时，先将冰柜内的货品移至其他冷藏器械内储存，然后关闭电源，打开冰柜门，使其自然溶化，用抹布将冰水擦拭干净，然后换用另一块干净的湿抹布把冰柜内外擦拭一遍，晾干冰柜内水分后，接通电源，将原来存放的货品移至冰柜内。

（4）清洗冰柜时，基本与冰柜除霜的程序相似，只是要把冰柜内的所有可以动的货架、食品盒等全部取出，再把货品移至冰柜内。

（5）冰柜的外表应每天班后用湿抹布擦拭一次，以保持外表的清洁，延缓外表老化程度。

（四）炉灶

炉灶的清洁主要是清除油渍污迹，由于炉灶的种类各不相同，清洁方法也有区别，具体见表7-8。

表7-8　炉灶清洁

序号	类别	清洁方法	备注
1	燃油、燃气炒灶	（1）待炉灶晾凉后，用毛刷对燃油、燃气的灶头进行洗刷除污，使其保持通油、通气无阻，燃烧完好 （2）清除燃火灶头周围的杂物 （3）把灶台上的用具清理干净，用浸泡过清洁的抹布将灶台擦拭一遍，再用干净的湿抹布擦拭干净 （4）用抹布把炉灶四周的护板、支架等一一擦拭干净	
2	蒸灶、蒸箱	（1）将笼屉取下，用清水冲洗笼屉内外，如果笼屉内有粘在上面的食品渣等，可用毛刷洗刷，再用清水洗净干净，控干水分，然后将蒸锅和灶台洗刷干净放上笼屉 （2）先从蒸箱内部清洗，用毛刷将蒸箱内的隔层架、食品盒洗刷，除净杂物、食品渣，用水冲洗干净，放净箱内存水，用抹布擦拭干净，然后用抹布将蒸箱外表擦拭干净	
3	电烤箱	（1）断开电源，将晾凉的烤盘取出，用铁铲铲除烤盘上的硬结食品渣、焦块等 （2）洒上适量餐洗净溶液浸泡10～20分钟，用毛刷洗刷烤盘内外，然后用清水冲洗干净，再用干抹布擦拭干净，将烤箱内分层板上的杂物、食品渣清扫干净，将远红外管上的黏结用干毛刷扫除干净，最后将烤箱外表擦洗干净	
4	微波炉	（1）关闭电源，取出玻璃盘和支架，用清洁剂浸泡清洗，再用清水冲洗干净，然后用干抹布擦拭干水分 （2）用蘸过餐洗净溶液的抹布擦拭微波炉内胆及门，除净油渍杂物，再用干净的湿抹布擦拭干净，晾干后依次放入支架和玻璃盘 （3）用湿抹布将外表擦拭干净，擦拭触摸式温控盘时，要注意动作轻些，以免损坏温控盘上的按键	

（五）洗涤间

1. 保洁柜

餐具柜亦称保洁柜，是存放经过洗涤、消毒后的干净餐具的，在使用前必须经过的清洗、晾干与消毒处理，并要保持每天或定期进行消毒处理。柜内不得存放其他物品，必须专柜专用。

2. 洗碗机

洗碗机是将餐具的清洁、洗涤、消毒、烘干等环节融合为一体的机械化现代设备，但使用中同样需要对机器经常清洗，最好是每次用完后彻底清洗一次，以清除残留的污垢、油渍等，特别是洗碗机底部，很容易残留污垢，应定期进行消毒处理。

3. 水槽

水槽、脚踏板等每次洗涤结束后,都要用消毒清洁剂进行洗涤处理,保证无毒无菌。

4. 排污系统

排污水系统,如果窨沟是装有翻盖的,应每天把窨沟连同翻盖彻底清理一次,如果窨沟是密封的,则每天应对窨井井口处进行除尘处理,以确保排污水系统的畅通无阻。

5. 洗涤池

洗涤池要标明蔬菜洗涤池、荤菜洗涤池,禁止蔬菜、荤菜滥用洗涤池。

(六)更衣室

员工的便服从外界带入病菌,因此不能着便服上班,也不能存放在厨房、仓库等工作间内。厨房应有员工更衣室,让员工上下班时更换服装和存放私人物件。更衣室一般不靠近厨房和仓库,要求通风、照明良好,并有淋浴、洗手池、镜子等卫生设备。

(七)卫生间

卫生间设置一般与更衣室相邻。卫生间应装有洗池,备有消毒洗手液、肥皂,以便员工洗手消毒。

三、厨房用具

(一)灶上用具

(1)清洗。将灶上用具放入按比例调制的洗涤剂水溶液中,对灶上用具进行彻底的洗刷,以除去灶上用具上的污物、油渍等。

(2)冲刷。把清洗过的烹饪用具用流动的净水将用具上的洗涤液冲洗干净。

(3)消毒。灶上用具的消毒一般采用煮沸或蒸汽消毒的方法,可将灶上用具放入100℃的水中或100℃的蒸汽中加热5分钟以上。

(4)存放。将消毒过的灶上用具晾干后放入专用的橱柜内存放,并确保橱柜是干净卫生的,以免造成灶上用具的再次污染。

(二)调理台用具

(1)清洗除污。将所有用具放入按比例调制的餐洗剂溶液中,对调理台用具进行彻底的清洗,以除去用具上的污物、油渍等,如果调料盒等用具上有硬结物,则应用热水浸泡变软后,再用硬毛刷蘸清洁剂将污物清除洗净。

(2)冲洗除清洁剂液。把用清洁剂溶液清洗过的用具用流动的净水将用具上的洗涤液冲洗干净,如果是在洗涤盆中冲洗,则要至少换清水3次冲洗,以确保用具上的清洁剂没有残留。

(3)消毒灭菌。一般采用煮沸或蒸汽消毒的方法,可将用具放入100℃的水中或100℃的蒸汽中加热5分钟以上,如果是塑料等不耐高温的用具,则应使用消毒清洁剂或高锰酸钾溶液进行消毒处理。

(4)卫生存放。将消毒过的调料盒等用具晾干后,放入专用的橱柜内存放,并确保橱柜是干净卫生的,以免造成调理台用具的再次污染。

(三)抹布

(1)热碱水洗涤。将抹布先用热碱水煮沸,浸泡5分钟以上,然后搓洗捞出,用温清水反复洗净碱液为止,拧净水分,再放于100℃的沸水煮5分钟以上,捞出拧净水分晾干。

(2)用洗涤剂洗涤。将抹布沾上一定量的洗涤剂或洗涤剂水溶液,经过浸泡与搓洗后,再用清水反复洗净,然后在100℃的沸水煮5分钟以上,或在100℃以上的蒸汽中加热5分钟以上,取出后晾干。

(3)水洗微波消毒法。用一般中性清洁剂溶液将抹布反复搓洗,除净油渍污秽,然后用清水冲洗两遍,拧净水分,放入微波炉食品盘上,用高火力加热2～3分钟取出晾干。

(四)卫生用具

(1)厨房所使用的各种卫生工具必须由专人负责管理。
(2)拖把要分区间管理,抹布分部门、用途管理,分色存放使用。
(3)每次用完后一定要清洗干净,消毒后晾干。
(4)卫生工具应设置专门位置存放。

四、餐具

(一)预洗

用木制刮板将餐具内的剩余饭菜清除干净,然后用莲蓬式喷头以温水冲去油渍,清除餐具上的附着物,同时为了保证洗涤的效果,把餐具按不同的种类分开,可以有效地节省洗涤剂与用水量。

(二)清洗

手洗一般是在水池内加入温水,按比例加入洗涤液,将预洗过的餐具放置水池内，经过一段时间的浸泡后，用软布依次将餐具内外洗涤干净。

（三）冲洗

冲洗的主要目的是洗去洗涤液，操作时将从洗涤液中洗涤过的餐具用流动的清水将餐具上的洗涤液冲洗干净（最好是用流动水冲去洗涤液）。

（四）消毒

餐具洗净后的重要工作就是进行消毒处理，消毒的目的是为了确保将餐具上的微生物杀灭干净，以保证餐具的卫生安全。现在，厨房常用的消毒方法主要有以下5种。

（1）水煮。在100℃的水中将餐具煮10分钟。

（2）汽蒸。在100℃以上的蒸汽中将餐具加热5分钟以上。

（3）氯液。在万分之二的游离氯水溶液中，将餐具浸泡10分钟以上。

（4）干热。在110℃的干热环境中加热10分钟以上。

（5）微波。在微波内用高火力加热2分钟以上。

（五）干燥

干燥就是把带水的餐具去净水分的过程，一般将消毒后的餐具以倒置状态控干或晾干水分，有条件的可用烘干机等设备将餐具上的水分去干净，使餐具保持在干燥状态。

（六）保存

将经过干燥处理的餐具，放入专用的餐具柜内存放，存放餐具的柜子也应该先进行消毒处理，以免干净的餐具被再度污染。

第七节 废弃物处理及病媒动物防治

一、气态垃圾处理

气态垃圾是指厨房抽油烟机排出去的油烟。油烟不但造成污染，也容易造成火灾，所以务必慎重处理。

（1）油烟应设专管导出建筑物之外，导管应为防火材料。

（2）油烟管应设有自动门栅，温度过高时能自动关闭导管、切断火路，防止火苗蔓延，此点甚为重要。

（3）油烟管内侧油垢应每两周请专人清除，或在导管内侧贴塑料布或铝箔以利换洗。

（4）油烟导入处理槽时，管口宜浸入槽内水中（可用苏打水化解油滴），处理槽面另以抽风机抽气，以造成密闭槽内负压，提高排油烟机的效能。

二、液态垃圾处理

液态垃圾包括厕所污水、排泄物、厨房污水等，一般排泄物设有专管排除，厨房污水等直接排入排水沟。

（1）厕所应为冲水式，应有适当的光线及通风设备，不得有臭味产生。
（2）地板应保持平坦、干燥。
（3）每间厕所均需设有加盖垃圾桶，并时常处理。
（4）厕所入口处设置洗手台、洗手剂、烘干器。
（5）工作人员有专用厕所，与顾客不可同用。
（6）厨房污水含有机质时，应先处理过滤后再行排放。
（7）泔水桶应使用坚固、可搬动、有加盖的容器，泔水倒入时不宜过量，以免溢出。
（8）泔水应逐日处理为佳。
（9）泔水清运处理后，泔水桶及其周围环境应冲洗清洁。

三、固态垃圾处理

（1）将垃圾分为可燃物（如纸箱、木箱）、不可燃物（如破碎餐具），分别装入垃圾袋中投入各类垃圾桶，垃圾桶加盖。
（2）空瓶罐可以收集售卖或退换，应先冲洗干净，放于密闭储藏室，以免招致苍蝇、蟑螂、老鼠等。
（3）残余蔬菜叶可以使用磨碎机加以磨碎，然后排入下水道，但下水道需做好油脂截流处理。

四、虫鼠防治

（一）化学防除法

化学防除法即利用化学药剂防除或毒死虫鼠的方法，用此方式防除虫鼠者约占75%~80%。在使用化学药剂之前，最好先与虫害控制或卫生单位的专家协商，以确定药剂种类、用量及使用方式是否在法令规章的许可范围以内。

（二）物理防除法

（1）捕杀法。徒手或使用器械驱杀害虫的卵、幼虫或成虫。

(2)诱杀法。利用虫鼠的特殊习性,以适当装置诱其而杀之。

(3)遮断法。利用适当装置以阻隔虫鼠接近,如网遮、屏遮、气流控制等。

(4)温度处理法。利用虫鼠能忍耐的最高、最低温度来杀之,如将储藏物用日光曝晒或冷藏、冷冻食物等。

(三)环境防除法

保持环境整洁来降低虫鼠的生存率,主要工作是杜绝为虫鼠繁殖提供所需食物及水分的场所。如所有与食物制备及供应有关的用具、餐具,使用后均应彻底洗净、消毒,任何用于接触食物的布均不可用作其他用途。

五、苍蝇防治

苍蝇的种类很多,但是与食品卫生关系最大的是家蝇。家蝇白天多栖息于食物或产卵地的附近,停留时喜欢选择粗糙的表面,特别喜欢器物的边缘。在夜间,大部分的苍蝇多停留在室外,在植物的枝叶上、灌木或篱笆上。在温暖的气候中,家蝇一般也多停留在室外。

(一)环境防除法

控制家蝇最好的方法莫过于环境防除法。建筑物应尽量用自动启开的门,且在对外开口及门窗处加装纱窗、纱门或空气门等,并加装风扇以防止家蝇的侵入。

(二)化学药剂防除

以化学药剂防除家蝇可奏效一时,但若以环境防除法来配合,则必能取得事半功倍的效果。在室内,可用气雾或烟雾喷洒杀虫剂迅速击落并杀死苍蝇。

杀蝇剂可使用除虫菊加协力剂,或使用人工合成除虫菊,但需将所有食物包盖或移走,员工不可停留在内,并将电源及所有火源关闭,紧闭门窗。

六、蟑螂防治

餐饮店一般蟑螂是危害最严重的,因为食物丰富,而且水源也很充足,特别适合蟑螂生存,另外加上有些餐饮店不注意环境卫生就更加容易有蟑螂了。餐饮店是给客人提供食物的地方,一旦有蟑螂掉进食物里,后果将会很严重,所以灭除蟑螂和预防是非常重要的。那么餐饮店应该如何灭蟑螂呢?

(一)药物防治

蟑螂的灭除和防治都必须是通过药物,其他办法都很难灭除和让蟑螂断根,注意选择正确的药物,否则也无法使蟑螂断根。

特别提示

为了保证效果和安全性,必须通过正规渠道买正规的产品。

(二)环境防治

光是用灭蟑药物只是治根不治本,所以必须从环境着手,保持清洁卫生,从而更好地防止受到蟑螂侵害。

(1)清理环境卫生,收藏好食物,不要把食物放在外面,最好是放到柜子里,及时清除散落、残存的食物,对泔水和垃圾要日产日清,以降低蟑螂可取食的食源和水源。

(2)厨房墙壁瓷砖缝和破裂的瓷砖一定要封起来,下水道要保持畅通,下水道口必须加网盖,定期清理下水道的垃圾。

(3)与外界连接的管道接口最好都封起来,可以防止蟑螂从外界入侵。

(4)始终保持干燥清洁的环境,破坏蟑螂生存的环境。

参 考 文 献

[1] 马俊英. 怎样开一家赚钱的餐馆. 北京：中国商业出版社，2003.
[2] 吴一夫. 开店、管店、转店. 北京：中国言实出版社，2006.
[3] 曾郁娟，黄华. 餐馆投资百问百答. 北京：中国物资出版社，2005.
[4] 王穗萍. 中餐服务指南. 广州：中山大学出版社，2005.
[5] 邹金宏. 实用餐饮营业及营销. 广州：中山大学出版社，2005.
[6] 曾郁娟. 餐馆赢在细节. 北京：中国物资出版社，2007.
[7] 千高原. 餐馆经营金点子. 北京：中国纺织出版社，2003.
[8] 于保政. 餐馆服务实用手册. 北京：中国物资出版社，2005.
[9] 罗光明，赵建民. 餐饮管理运行细则. 沈阳：辽宁科学技术出版社. 2007.
[10] 罗光明，赵建民. 连锁餐饮加盟与管理. 沈阳：辽宁科学技术出版社. 2007.
[11] 陈树. 餐饮服务员岗位职业技能培训教程. 广州：广东经济出版社. 2007.
[12] 田均平. 如何开家餐馆. 北京：化学工业出版社，2011.
[13] 田均平. 餐饮店长业务操作手册. 北京：中国时代经济出版社，2007.